T0247033

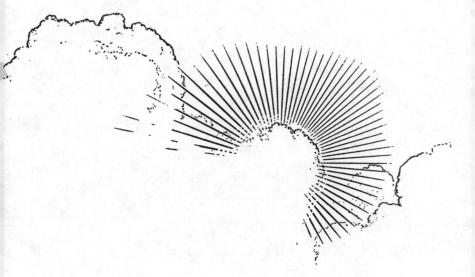

BERNARDO
STAMATEAS

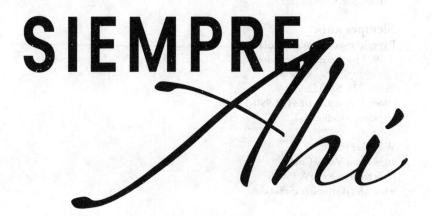

SIEMPRE *Ahí*

EXPERIMENTA A DIOS EN TU DÍA

WHITAKER
HOUSE
Español

Editado por: Ofelia Pérez

Siempre ahí
Experimenta a Dios en tu día
© 2023 por Bernardo Stamateas

ISBN: 978-1-64123-989-9
eBook ISBN: 978-1-64123-990-5
Impreso en Colombia.

Whitaker House
1030 Hunt Valley Circle
New Kensington, PA 15068
www.whitakerhouseespanol.com

1 2 3 4 5 6 7 8 9 10 11 ЦЈ 30 29 28 27 26 25 24 23

ÍNDICE

INTRODUCCIÓN

¡Bienvenido!

Tengo mucho para compartir contigo. Entraremos a los Salmos: la canción y experiencia que nosotros tenemos hacia Él.

Quiero mostrarte cómo David experimentó algo de Él y enseñarte cómo hacer que esta sea nuestra experiencia con el Señor. Este no es un libro de estudio bíblico en el sentido de analizar los versículos, sino de entender y vivir los Salmos. Luego de orar y vivir cada salmo, algo de Dios habrá crecido en ti.

Hay dos pensamientos erróneos que se cometen con frecuencia: 1) creer que ver a Dios en el día a día es algo muy difícil; y 2) ver a Dios solamente en lo sobrenatural, como algún milagro o una sanidad. Sin embargo, dejaré algunas pistas para ayudarte a ver a Dios en tu día a día, y estoy seguro de que la vida en Él será una gran aventura en la cual descubrirás su presencia donde jamás antes la habías visto.

Así que, ¡a disfrutar de Él!

Lo que sabemos de Él no es porque lo estudiamos o por el esfuerzo y trabajo personal, sino meramente por la gracia que Él tiene hacia nosotros. Por amor, Él nos regaló la oportunidad de conocerlo. Luego de que Jesús sacó del templo a todos los mercaderes, vinieron a Él los ciegos y cojos y los sanó. ¡Al ver esto, los niños comenzaron a adorarlo!, dice Mateo 21:15:

> *Pero los principales sacerdotes y los escribas, viendo las maravillas que hacía, y a los muchachos aclamando en el templo y diciendo: ¡Hosanna al Hijo de David! se indignaron.*

Los niños vieron los milagros y ¡adoraron! Frente al enojo de los fariseos, Jesús les dijo en el v. 16:

> *Y le dijeron: ¿Oyes lo que estos dicen? Y Jesús les dijo: Sí;¿nunca leísteis?: De la boca de los niños y de los que maman, perfeccionaste la alabanza.*

Los niños vieron a Jesús en ese día, tal vez estaban jugando, de pronto, lo vieron ¡y adoraron! Los religiosos no lo vieron a Él en su día; Jesús los cita en Salmos 8:2:

> *De la boca de los niños y de los que maman, fundaste la fortaleza, a causa de tus enemigos, para hacer callar al enemigo y al vengativo.*

Fueron los niños los que hicieron callar a los enemigos. Esos niños tan solo por ver, hablaron; y leemos en el salmo que Dios construye un castillo, una fortaleza, con la alabanza que salió de sus labios. ¡La alabanza construye una fortaleza alrededor nuestro! ¡Cuando lo veo a Él obrando en mi día, mi alabanza sale de mi boca y ese es el material con el que el Padre construye las fortalezas!

Los niños descubrieron aquel día un gran principio: No se trata de mí, sino que se trata de Él. Solo cuando dejamos de hablar de otros, de ver qué hacen y qué no hacen, y fijamos nuestra atención y nuestro foco en buscarlo a Jesús, ¡todo en nuestra vida cambia!

Cuando nacemos, vamos descubriendo a mamá, a papá, a nosotros mismos, así como el mundo y sus objetos. Cuando nacemos del Espíritu, también debemos dedicarnos a descubrir, pero a Dios. Él anhela que lo descubramos en nuestro día y lo hagamos como niños, con el asombro y la alegría de encontrarlo a Él en todas las cosas. Entonces, mi alabanza será el material con el que Dios ensanchará mi casa, mi corazón. Donde lo veas a Él, en ese rincón de tu vida, ora, agradece, adora.

¡Será asombroso!

Los discípulos le preguntaron a Jesús sobre un enfermo que estaba allí: ¿Quién pecó, este o sus padres? Ellos veían solo hombres, pero Jesús a sus padres. Jesús les cambió la mirada y les respondió: *No es que pecó este, ni sus padres, sino para que las obras de Dios se manifiesten en él* (Juan 9:1–3).

Jesús también les dijo a Marta y a María ante la muerte de Lázaro: *Si crees, verás la gloria de Dios* (Juan 11:40); así que ¡búscalo a Él!

Y así podríamos citar muchos ejemplos más, pero con esto es más que suficiente. Podemos vivir observándonos a nosotros: qué sentimos, qué pensamos; es decir, vivir en un espejo, o vivir considerando al otro: qué dijo, qué hizo, etcétera; o podemos empezar a verlo a Él cada día y decirle: "¡Allí estás!".

Muchos cristianos son deístas subterráneos. El deísmo cree que Dios creó el mundo y lo dejó rodar; que Él ya no interviene en el día a día. Otros son como un agnóstico creyente y afirman: "No sé si Dios existe en mi día". Hay que entrenarse para ver a Dios para no ser un cristiano de tantos.

Viví en Grecia cuando tenía quince años. En una ocasión tuve la oportunidad de hacer un viaje montañas adentro para pastorear las ovejas de mi tío; nos internamos hasta muy lejos. Esto se hacía todos los años cuando en determinada fecha había que llevar a pastar lejos a las ovejas en un buen clima. Vivimos en ese lugar durante un tiempo, a la intemperie y bajo la luz de la luna, en una precaria cabaña. Mi papá y mi tío me hicieron notar el sol saliente a las cinco de la mañana, la belleza del mediodía, observar determinadas plantas, buscar el agua de la montaña y reconocer determinadas piedras. Todo mi mundo de ciudad se cayó al ver semejante portento natural. Me enamoré de tales vistas, tantas bellezas que construyeron recuerdos imborrables.

En este libro quiero que juntos hagamos un viaje para conocer mejor al sol de justicia, al agua de vida, al perfume derramado en cada detalle a lo largo del día y del viaje de la vida. Al verlo a Dios, tendremos recuerdos eternos y el aumento de su amor en nuestra vida. Te invito a caminar juntos y a disfrutar de su belleza. Caminar cada día y descubrirlo a Él te llevará a vivir en adoración.

1

EL DIOS QUE TIENE UN PLAN

COINCIDENCIAS DIVINAS

Dice Salmos 37:23–25:

> Por Jehová son ordenados los pasos del hombre, y él aprueba
> su camino. Cuando el hombre cayere, no quedará postrado,
> porque Jehová sostiene su mano. Joven fui, y he envejecido,
> y no he visto justo desamparado, ni su descendencia que
> mendigue pan.

La palabra *coincidencia* solo aparece una vez en la Biblia y la
utiliza Jesús en la parábola del buen samaritano en Lucas 10:31,
que dice:

Aconteció que descendió un sacerdote por aquel camino, y viéndole, pasó de largo.

La palabra *aconteció* es el término griego *synkyria* (συγκυρία), la unión de *syn*, que es "junto con" y "*kirian*", que significa "señor", por lo que deducimos que lo que sucedió fue "por arreglo del Señor".

Acontecimientos o circunstancias sin aparente conexión causal son eventos planificados por Dios. Casualidades, para nosotros; pero todo un plan para Él. Uno puede decir lo que sucederá, como la suegra de Rut, quien le indicó que durmiera a los pies de Booz y que él reaccionaría positivamente y así sucedió (ver Rut 3). Podríamos decir: "Tengo una palabra de Dios. La veo cumplirse tal cual". El eunuco leía Isaías sin entender nada, y justo apareció el evangelista Felipe, quien le explicó todo y el eunuco se convirtió. Felipe había recibido una palabra que se cumplió; pero para el eunuco fue una casualidad, porque justo leía cuando apareció alguien que le explicó lo que no entendía.

Dios no solo planifica los grandes eventos, sino también los pequeños detalles para sus hijos. Toda la Biblia está repleta de ejemplos: desde Jesús yendo al pozo, al que justo iba la samaritana, hasta hechos de alto impacto sobrenatural. Para los no creyentes, eso se lee como azar, pero para nosotros los creyentes son un plan.

A veces esa coincidencia genera un impacto transformador. Como cuando la mujer, cuyo hijo fue resucitado por el profeta, luego de vivir algunos años en otro lugar por la hambruna, y transcurridos siete años, regresó a su hogar. Ella fue a ver al rey, para luego reclamar lo que había perdido: su casa y sus tierras.

En ese momento, el rey le estaba preguntado a Giezi (quien había visto el milagro como testigo fehaciente) cómo había sido el milagro de ese niño resucitado. Justo en el momento en el que Giezi narraba la historia al rey, entró la mujer a pedirle. Así, Giezi dijo: *Esta es la mujer y este es su hijo* (2 Reyes 8:5). Finalmente, el rey le devolvió todas sus cosas.

Debemos dejar que sea Dios el que nos muestre esos "guiños" divinos y no intentar verlos nosotros al considerar cualquier acontecimiento que suceda como una "señal". Hay personas que ven lo que desean ver. Por ejemplo: "Le pedí al Señor una compañera, y justo apareciste tú por la puerta". Es el Espíritu Santo quien nos dará la certeza de que Dios está involucrado en tales situaciones.

Las *coincidencias divinas* son siempre un mimo, una sonrisa, para recordarnos su presencia y bendecirnos. Forman parte de un plan de Dios para construir algo. No son coincidencias las enfermedades, las desgracias o la violencia. Tampoco son para probar que Dios existe, dado que solo tienen valor para quienes las han experimentado, para los que intervinieron en esas coincidencias divinas. Quienes no las han vivido solo dirán que son casualidades de la vida. Para nosotros, son *coincidencias divinas*. Para Dios, son su plan y guía divina.

ALGUNOS EJEMPLOS COTIDIANOS

Una mujer oró por alguien con cáncer en su fase terminal; quien oraba por la persona estaba conmovida y triste. La persona enferma, llena del Señor, le dijo al despedirla: "Sé feliz y estate contenta en este día". La mujer que oró quedó conmovida frente a esas palabras de ánimo que le daba la persona que tenía la enfermedad. Luego de orar, al salir del hospital, se encontró con una amiga que pasaba con su auto; al subir al vehículo, vio una calcomanía grande pegada delante de su asiento que decía: "Sé feliz; regocíjate siempre en mi presencia". Al leer eso, sintió en su espíritu un mimo de Dios que la fortaleció.

Leí sobre alguien que tenía varios tratados en su bolsillo; sacó uno que decía: "Que tengas buenas vacaciones". Se lo dio al cajero de un negocio, quien, con alegría, dijo: "Gracias; me voy de vacaciones la próxima semana".

Leía un pasaje de la Biblia y me encontré con otra persona que leía y meditaba acerca de lo mismo.

Cierto día, tenía que elegir entre dos negocios donde comprar; entré en uno y el vendedor me contó que estaba muy mal y necesitaba volver a Dios. Allí mismo recibió oración y restauración.

Iba rumbo a la radio; pero sin darme cuenta tomé otro camino. Una persona me reconoció y me detuvo en la calle, charlamos y me dijo que estaba apartado del Señor; allí mismo oré por él y se reconcilió con el Señor.

Tomé un taxi y comencé a hablarle del Señor al taxista, quien me comentó: "Hoy eres el tercer creyente que me habla de Dios".

Un sábado, me propuse ir caminando a mi casa desde la oficina. Una persona me detuvo y me dijo: "Estaba pensando en que me gustaría hablar con usted". Allí mismo le invité a la reunión del domingo.

Una ocasión, después de la predicación, alguien que me escuchó, me dijo: "Eso que habló era la respuesta que necesitaba a la pregunta que le hice hoy a Dios".

En una ocasión me invitaron a ir a un programa de televisión. Sin embargo, al llegar me informaron que no saldría al aire por un inconveniente técnico; me pidieron disculpas y que regresara al día siguiente. Cuando volví al otro día, en ese programa conocí a otro participante al que invité a la iglesia y se entregó al Señor.

Un amigo mío le llevó uno de mis libros a la presidenta (de aquel entonces) durante un evento; no sé cómo logró llegar hasta donde ella estaba y se lo entregó en la mano. Me llamó con gran alegría y me contó que había podido dárselo.

Yo estaba en ese momento en casa, mirando la tele para ver cómo uno de los programas más vistos por el público reflejaba, en primer plano, el instante en el que le daban mi libro *Gente tóxica*. El reportero dijo: "Le dieron un libro a la presidenta... ¿Presidenta, hay mucha gente tóxica?". Ella lo miró, y sonriendo respondió: "Sí, veo a uno". Todo eso salió en televisión, en un programa de horario estelar. El conductor, en el piso del canal, comentó: "¡Qué publicidad le hicimos a ese libro!". Eso generó un aumento extraordinario de ventas del libro.

Una mujer recibió una noticia muy difícil y, sintiendo una gran angustia, le pidió al Señor que la ayudara, que le diera fuerzas y le dijera qué hacer. Minutos más tarde, la visitó una amiga con un cuadro de regalo que decía: "El Señor peleará por ti; solo necesitas estar quieta".

Lugares correctos, a la hora correcta, gente correcta, palabras correctas. Allí vemos cómo la agenda de Dios prevalece sobre la nuestra. ¡Que el asombro nos lleve a adorarlo! Cuando miremos hacia atrás, podremos ver cómo Él trabaja. Mientras nosotros hacemos nuestra "jugada maestra", Él hace la suya.

LOS TRES SENTIDOS DE LAS COINCIDENCIAS

1. Son *carteles de aliento y ánimo* que guían.

2. A veces las denomino *el guiño de Dios*. Como si Él, con un poco de complicidad, me sorprendiera y me dijera: "¿Viste? Lo hice otra vez". Como cuando el papá le dice al hijo: "Te amo" (o el hijo al papá), así me recuerda Dios que me ama y está cerca.

3. Son el *hola de Dios*. Solo escucho que Dios me saluda y me dice: "Hola".

Cuando sucedan y veas estas señales, recuerda que es momento de orar, de derramar el corazón en una alabanza. He aprendido en todos estos años que cuanto más aumenta mi comunión con Él, más aumentan las *coincidencias divinas*. Dijo Corrie ten Boom: "Cada experiencia que Dios nos da, cada persona que pone en nuestras vidas, es la preparación perfecta para el futuro que solo Él puede ver".

Vuelve a leer Salmos 37:23–25:

Por Jehová son ordenados los pasos del hombre, y él aprueba su camino. Cuando el hombre cayere, no quedará postrado, porque Jehová sostiene su mano. Joven fui, y he envejecido, y no he visto justo desamparado, ni su descendencia que mendigue pan.

Detente en cada palabra.

Respira cada versículo.

Deja que se convierta en una experiencia en tu vida.

Experimenta alabarlo al hacerlo.

PISTAS PARA VER A DIOS EN TU DÍA

+ Pensaste en alguien y apareció, o tú apareciste cuando alguien pensó en ti.

+ Te preguntaste algo, y alguien te respondió.

+ Cuando suceden cosas repetidamente, varias veces en el día, y llaman tu atención.

+ Coincidencias de cualquier tipo: fechas, lugares, palabras, acciones, etcétera.

2

EL DIOS DE LAS OPORTUNIDADES

INTERRUPCIONES DIVINAS

Leamos de nuevo Salmos 37:23–25:

> *Por Jehová son ordenados los pasos del hombre, y él aprueba su camino. Cuando el hombre cayere, no quedará postrado, porque Jehová sostiene su mano. Joven fui, y he envejecido, y no he visto justo desamparado, ni su descendencia que mendigue pan.*

La segunda manera en la que Dios nos guía es mediante las *interrupciones divinas.* Muchas veces, una tarea comienza por una interrupción divina. Toda la Biblia está llena de estos ejemplos. Jesús se dejó interrumpir. El Padre le tenía *oportuni-dades escondidas*. En este caso, el misterio irrumpía en forma de algo fuera de agenda. Jesús interrumpió para dar bendición y se dejó interrumpir para ser sorprendido por el Padre. Así, a cinco mil personas que lo interrumpieron les trajo un milagro. Es ahí cuando debemos dejar que Dios guíe y nos muestre cuándo son interrupciones divinas y cuándo, distracciones humanas.

Una cosa son las interrupciones de Dios y otra las distrac-ciones humanas. ¿Cómo diferenciarlas? Solo una comunión diaria mostrará la diferencia. Si disfrutamos de Él, siempre nos guiará con paz.

Una de mis historias favoritas es cuando Moisés no pudo entrar al tabernáculo ¡porque Dios lo interrumpió con Su gloria! (ver Éxodo 40:34–35). Ser interrumpido significa que es algo planificado. Dios siempre planifica. Dijo Henri Nouwen: "Toda mi vida me quejé de que mi trabajo era constantemente interrumpido, hasta que descubrí que mis interrupciones eran mi trabajo".

Dios, como con Moisés, pondrá su zarza ardiendo para luego ver el cuadro completo: que fuimos llamados a algo grande. La interrupción de Dios siempre lleva a algo grande. Pablo estaba predicando, y de pronto, una joven apreció gritando; luego, Pablo terminó en la cárcel ganando al carcelero y fundando la primera iglesia de Filipos (ver Hechos 16:16–40). Dios utiliza sus inte-rrupciones para mostrarnos algo de su agenda que no estaba en la nuestra. Esto, para nosotros, parece un desvío, porque usual-mente queremos ir del punto A al J, pero Dios pone en medio la B, la C, etcétera.

Lee de nuevo Salmos 37:23–25

Por Jehová son ordenados los pasos del hombre, y él aprueba su camino. Cuando el hombre cayere, no quedará postrado, porque Jehová sostiene su mano. Joven fui, y he envejecido, y no he visto justo desamparado, ni su descendencia que mendigue pan.

Detente en cada palabra.

Respira cada versículo.

Permite que se haga una experiencia en tu vida.

Experimenta alabarlo al hacerlo.

PISTAS PARA VER A DIOS EN TU DÍA

+ Interrupciones de cualquier tipo: gente, el semáforo, una llamada, perderse en el camino, una cita perdida, algo que se cancela, una conversación que se extiende, un cambio de planes...

3

EL DIOS BUENO

LOS ACTOS SORPRESIVOS DE BONDAD

Dice Salmos 107:1:

Alabad a Jehová, porque él es bueno; porque para siempre es su misericordia.

Estos son los *pequeños actos de gracia*. Podemos ver a Dios en pequeños actos de bondad, ¡allí está Él! No solo en los grandes actos que nos asombran, sino también en los detalles en los que la bondad divina es expresada. Leemos en Génesis que vio Dios que todo lo creado era bueno. Ahora nos toca a nosotros verlo y decir lo mismo.

En Salmos 73, Asaf declara que Dios es bueno, y luego de todo lo vivido concluye diciendo que acercarse a Dios *es bueno*. Él es el Alfa y la Omega. Dios expresa su bondad en actos, y esos actos son compasivos, dulces y agradables. Y cuando en la vida nos sucede algo malo, Él es bueno porque está presente a nuestro lado. Que Dios es bondad o bueno significa que Él solo da por amor, no porque lo merezcamos o lo ganemos.

Moisés le pidió a Dios ver su gloria y Él le respondió: *Haré pasar delante de ti toda mi bondad* (Éxodo 33:19, NTV). David también experimentó la bondad de Dios, la degustó.

> *Gustad, y ved que es bueno Jehová; dichoso el hombre que confía en él.* (Salmos 34:8)

Los actos en los que Dios se expresa son los normales; sin embargo, ¡cuando la vida *zoé* se expresa, hace la diferencia! Muchas veces, los actos de bondad son como golpes que vienen sin aviso previo; allí se percibe la vida *zoé*, en el acto de bondad. Un acto de bondad instantáneo y magnífico que toca nuestro espíritu. Alguien te dijo: "Gracias"; alguien pagó tu peaje; alguien te trajo un café; alguien te llamó para decirte algo bello; alguien te perdonó una deuda; alguien te ayudó a hacer un trámite; alguien te cocinó algo rico; alguien te sembró un libro; alguien te ayudó a arreglar algo; alguien te hizo reír; alguien te animó con una palabra; alguien te prestó algo que necesitabas; alguien te trajo un regalo. Cuando eso suceda, no solo comentes: "Qué buena persona es", sino ve en ella al Señor dándote una dulce sorpresa y diciéndote: "Te amo".

El profeta Samuel levantó una piedra a la bondad de Dios y dijo: *"Ebenezer"* (que significa "hasta aquí nos ayudó Dios"). Son las *piedras del recuerdo*. ¡Cada vez que lo vemos a Él, una piedra más construye la fortaleza!

Al irme a dormir, repaso todas las pequeñas cosas en las que vi la bondad de Dios. Meditar, agradecer, disfrutar... lo hago y percibo en mi espíritu que, al igual que el profeta, levanto una piedra de ayuda-memoria para decir también, al igual que hace miles de años: *"Ebenezer"*. Dios es amable y bueno sin esperar nada a cambio. Cuando vengan los momentos difíciles, solo vuelve a ver esas piedras levantadas sobre sus actos de amor y declara: "Dios sigue siendo fiel". Dice Paul Tripp: "Esperar no se trata solo de lo que obtengo al final de la espera, sino sobre en quién me convierto mientras espero".

Vuelve a leer Salmos 107:1:

Alabad a Jehová, porque él es bueno; porque para siempre es su misericordia.

Detente en cada palabra.

Respira cada versículo.

Permite que se haga una experiencia en tu vida.

Experimenta alabarlo al hacerlo.

PISTAS PARA VER A DIOS EN TU DÍA

+ En todo lo que sea *agradable*: un café, una comida, un amanecer...

• En todo lo que implique *amabilidad*, ya sea en el trato o la palabra: alguien te acompañó, te trató bien, te habló bien, te miró, te escuchó.

• En toda acción que incluya *generosidad*: experimentar el perdón, algo no pedido, un regalo, tiempo de calidad, una ayuda...

4

EL DIOS QUE ENSEÑA

ATRACCIONES BRILLANTES

Dice Salmos 19:1–4:

> *Los cielos cuentan la gloria de Dios, y el firmamento anuncia la obra de sus manos. Un día emite palabra a otro día, y una noche a otra noche declara sabiduría. No hay lenguaje, ni palabras, ni es oída su voz. Por toda la tierra salió su voz, y hasta el extremo del mundo sus palabras.*

Dios no provoca cada situación, pero sí está en cada situación. Su presencia lo llena todo. Él utiliza ciertos elementos o situaciones para llamar nuestra atención.

Hay cosas que Dios hace y utiliza para llamar la atención del ser humano y decirle algún mensaje. Dios utilizó una estrella brillante (ver Mateo 2:2) para llamar la atención de los magos. Utilizó una zarza para llamar la atención de Moisés. El arco iris aún hoy sigue llamando nuestra atención (Dios puso una enseñanza de paz en este símbolo). Jesús utilizó cosas pequeñas para llamar la atención y enseñar algo. Puede ser un objeto, una voz, una situación, un sonido, un animal, una flor, un atardecer, lo que sea para enseñarnos algo. Son como letreros con un mensaje. Jesús utilizó cosas cotidianas para mostrar algo de Él. Por ejemplo:

+ La semilla de mostaza en Mateo 13:31–32.

+ La aprobación del Señor hacia la viuda que dio las últimas dos monedas en Marcos 12:41.

+ El almuerzo del niño en Juan 6:9.

+ La fe como una semilla de mostaza en Lucas 17:6.

+ Escogió solo doce discípulos.

+ Una pequeña moneda en la boca del pez para pagar impuestos en Mateo 17:27.

+ Un gorrión en Mateo 10:29–31.

+ Los cabellos en la cabeza en Lucas 12:7.

Hoy sigue haciendo lo mismo, llamando nuestra atención. Algunas características de las *atracciones brillantes* son:

+ No las buscamos; nos buscan.

+ Son algo atractivo.

+ Nos detenemos a contemplarlas porque en ellas hay un mensaje.

Dice Isaías 45:15:

Verdaderamente tú eres Dios que te encubres, Dios de Israel, que salvas.

Se calcula que el cuarenta y siete por ciento de las horas en las que nos mantenemos despiertos, la mente piensa en algo diferente de lo que estamos haciendo. Así Dios nos llama la atención y construye en nosotros más sensibilidad para verlo a Él cada día. Si leemos el libro de Cantares, podemos ver cómo todos los símbolos convocaban a la amada a ver a su Amado.

Algunos ejemplos cotidianos:

+ En una ocasión, una persona estaba leyendo en la Biblia acerca de cómo Dios la haría fuerte como un águila, y mientras leía, vio un pequeño gorrión pararse en su ventana. Eso llamó su atención. Lo miró; y al cabo de un instante, Dios le dijo: "Cuando eres débil como este pajarito, también estoy cuidando de ti".

+ En el bosque, una persona que se encontraba orando, decía: "Señor, gracias porque sé que siempre estás conmigo". Al levantar la vista, le llamó la atención ver tres árboles juntos en medio de la nada. Los miró y a su espíritu vino esta verdad: "Sí, el Padre, el Hijo y el Espíritu Santo están conmigo".

+ Un día me regalaron una Biblia muy rota y gastada que perteneció a mi maestro de Escuela Dominical de la adolescencia. Cuando la vi, me llamó la atención, y fue entonces que Dios me habló: "Usa mi Palabra y tu vida será edificada".

+ Mientras ordenaba unas cosas, hallé una foto de cuando era niño y vivía en Grecia. Entre las muchas imágenes, hubo una que me llamó la atención. Me detuve frente a ella y dije: "Señor, me llamaste la atención con esta foto". Inmediatamente me vinieron los recuerdos de cómo Dios me había cuidado de joven. Le di gracias por eso.

+ Recorría las calles de Israel, hasta llegar al Mar de Galilea. Había muchos turistas por todos lados que observaban y hablaban. Entonces, vi a una persona sola, sentada y mirando el mar. Me llamó la atención y pensé: "Pobre, está solo en un lugar donde todos estamos con alguien". Lo miré; sacó algo para comer y se inclinó para orar. Dios me dijo con esto: "No está solo, no te equivoques".

+ Cuando tenía quince años y vivía en Grecia con mi familia, un día mi papá nos dijo: "Vamos a buscar oro a la montaña". Entonces trajo un artefacto que mandaba una señal si detectaba que bajo la tierra se encontraba algún objeto metálico. Fueron varias horas de camino, entre montaña y montaña, hasta llegar a la que, según mi papá, tenía enterrados objetos de oro. Durante horas, con ese artefacto encontramos tuercas y alambres enterrados… ¡de todo menos oro! Luego de todo un día de búsqueda, volvimos sin nada, pero con una gran alegría por la expedición. Años más tarde, Dios me recordó esa experiencia: "Disfruta cuando me buscas en mi Palabra; ese será siempre tu tesoro".

+ Estaba en la búsqueda de un comentario bíblico antiguo y muy difícil de conseguir. Llamé por teléfono a México y Estados Unidos y nadie lo tenía porque ya estaba fuera de circulación. Todo el día busqué y pregunté a diferentes personas para ver si alguna lo tenía. Al otro día ¡lo encontré y en mi propia biblioteca! Entendí que Dios me estaba enseñando: "Lo que estás buscando afuera, ya lo puse dentro de ti".

+ Cuando fui la primera vez a España, tomamos el tren rápido llamado "la nave". Me llamó la atención que mi amigo Frank me dijera: "Este tren sale puntual; si llegas un minuto más tarde, se habrá ido". No podía creerlo cuando lo vi funcionar así, y no solo ese día, sino todas las veces que lo abordé. Por la tarde, mientras oraba, alguien me preguntó: "¿Cuándo Dios responderá mi oración?". Recordé entonces aquel episodio del tren, con lo que Dios me dijo: "Yo llego puntual a la hora exacta; no te impacientes, solo espérame".

+ Un matrimonio de pastores me regaló un pan casero enorme, y eso fue justamente lo que llamó mi atención, ¡lo enorme que era! Pensé: "Con este pan, tengo para alimentarme un año", pero Dios me dijo algo mucho mejor: "Así es, cada palabra que te doy supera lo que necesitas en cada momento".

Dios nos está enseñando en cada cosa cotidiana. Él está en tu día. Qué bueno es saber que no es necesario ir a lugares sagrados ni esperar "truenos y ángeles" para verlo a Él. Una simple foto nos puede mostrar dónde está Él. David miraba la montaña y decía al ver la cumbre: "De allí viene mi ayuda".

Dios quiere compartir el día contigo. Esfuérzate por estar atento al Señor, ten la seguridad de que Él te está buscando.

Vuelve a leer Salmos 19:1–4:

Los cielos cuentan la gloria de Dios, y el firmamento anuncia la obra de sus manos. Un día emite palabra a otro día, y una noche a otra noche declara sabiduría. No hay lenguaje, ni palabras, ni es oída su voz. Por toda la tierra salió su voz, y hasta el extremo del mundo sus palabras.

Detente en cada palabra.

Respira cada versículo.

Permite que se haga una experiencia en tu vida.

Experimenta alabarlo al hacerlo.

PISTAS PARA VER A DIOS EN TU DÍA

- Observa lo que te llama la atención: un objeto, una persona, una circunstancia, la música, la ropa, el clima, algún negocio, etcétera, y di: "Señor, tú estás ahí. ¿Qué me quieres decir o enseñar con esto?".

De ahora en adelante, cada vez que leas o escuches la Biblia, detente donde Dios llame tu atención, porque en esa palabra, frase o idea, Dios te está hablando.

5

EL DIOS OMNIPRESENTE

TÚ ESTÁS CONMIGO

David experimentó la presencia de Dios. Esto dice Salmos 139:7–12:

> *¿A dónde me iré de tu Espíritu? ¿Y a dónde huiré de tu presencia? Si subiere a los cielos, allí estás tú; y si en el Seol hiciere mi estrado, he aquí, allí tú estás. Si tomare las alas del alba y habitare en el extremo del mar, aun allí me guiará tu mano, y me asirá tu diestra. Si dijere: "Ciertamente las tinieblas me encubrirán"; aun la noche resplandecerá alrededor de mí. Aun las tinieblas no encubren de ti, y la noche resplandece como el día.*

¡Dios está con su gloria en todo lugar! Eso lo creemos todos; pero es distinto vivirlo y aun verlo. Vayamos por partes. Sigamos este esquema mental: Tú y yo estamos en un lugar A, un lugar todo lleno de Él, siendo aún más grande que todo el lugar donde estamos ahora. Vamos de A hacia lugar B. Nosotros somos finitos, así que estamos en A o en B, pero no podemos estar en ambos al mismo tiempo. Pero Dios está aquí y allí a la vez. Medita en esto.

Mientras vamos de A a B, Dios allanó nuestro camino, porque ¡todo está lleno de Él! En tu habitación, allí está Él; en la cocina y en la sala de estar, allí está Él. Vayamos donde vayamos Él ya está allí sin dejar de estar donde estuvimos antes. De A a B o de B a A, Él está en el camino. Medita en esto. Piensa en algún ser querido que ya no está contigo. No lo puedes ver ahora, pero allí donde está, Dios está con esa persona como lo está ahora contigo. ¡Aleluya! ¡Dios está en tu camino!

¿En cuántos lugares has estado hoy? Él estuvo allí. ¿Fuiste de un lugar a otro?, Él fue contigo. Medita en eso. Piensa a dónde debes ir mañana. El lugar C. Pues Dios ya está ahí esperándote, como lo estuvo en A o en B. ¿Debes ir a un lugar que no conoces?; Él está allí, esperándote. Dios no está ausente del lugar donde tú no has estado; está más presente que nadie más aún cuando no estés allí. Dios llena completamente todo espacio.

Si tus hijos deben ir a un lugar y sientes temor o ansiedad, solo recuerda que Dios está ahí; donde ellos estén o adonde ellos vayan.

Busca fotos y mira en cuántos lugares has estado. ¿Crees que solo estuvieron tú y los tuyos? ¡Allí estuvo también Él!

Mira dónde estás ahora… y búscalo, porque Él llena todo aquel lugar.

¿Lo ves?

Dios no está presente como un rey en un lugar específico, dando órdenes a la distancia sobre todo el territorio. ¡Dios está omnipresente en todo territorio! Y aunque está en todos los lugares, ¡Él es superior a todos los lugares! El panteísmo dice que Dios está en todo, pero eso es falso. Él está, pero ¡es más que el lugar donde está! Dios está totalmente presente en todo lugar y con toda persona. Él está siempre. Cuando vamos a Él nunca nos dirá: "Ahora no puedo"; o: "Ven más tarde". La frase "Padre nuestro que estás en los cielos" es un símbolo de que está sobre todo. Y también decimos que Dios está en la tierra, en el agua o las cosas; incluso cuando decimos que "Dios desciende", no significa que va de hacia un lugar dejando solo desde donde se "movió", porque nada ni nadie escapa de su mirada y presencia. No es que Él se extienda de norte a sur como un líquido que se esparce. Si Dios creara mil universos, todo estaría en Él. Dios no se estira o disemina, ni "va y viene"; para Él no hay lejanía ni cercanía. Él no está lejos ni cerca. Estas dimensiones para nosotros, en Él son lenguaje metafórico. Su presencia no se divide ni se multiplica, no crece ni decrece. Dios está totalmente en todas partes.

En una ocasión, una mujer le preguntó a un pastor: "Si el espacio es tan inconmensurable y nosotros somos una galaxia perdida en semejante dimensión, ¿Dios podrá escuchar lo que le sucede a cada uno?". A lo que el pastor respondió: "Eso depende completamente de cuán grande sea ese Dios en el que usted cree".

¡Si desapareciesen los lugares, Él seguiría estando! Los espacios fueron creados por Él y los llena de su presencia, porque es más que los lugares. Adonde vayamos, alguien más grande que ese lugar nos espera. Siempre debemos recordar esto.

Nosotros estamos sujetos a las leyes de la materia, ¡pero Dios no! Él está allá y acá. No menos aquí que allá. Dios no tiene un poco de sí mismo en un lugar y un poco más de Él en otro. No está en mayor medida cuando estamos en la iglesia que cuando estamos practicando algún deporte. Si tienes que ir a un lugar feo y te dijeron que Dios no está allí, ve en paz porque sí lo está. Él brillará a través de ti para que los que te vean descubran su presencia. A donde te muevas, Él estará contigo; sin moverse, porque no lo necesita.

Cuando los amigos de Daniel fueron echados al horno de fuego, Él estaba allí. Cuando Giezi se llevó dinero y ropa y los escondió, Dios supo todo. Dios *no ve* lo que sucede; Él *está* donde todo sucede. Los teólogos de la Edad Media decían: "El centro de Dios está en todas partes; su circunferencia, en ninguna". Él es tan grande que su circunferencia es sin límite. Él está tan presente en una partícula atómica, como en la galaxia más vasta.

Si tenemos una silla o un mueble en un lugar, debemos moverlo o sacarlo si queremos ocupar ese espacio con otra cosa. Dos cosas no pueden ocupar el mismo espacio. Dios ha creado todo, ¡Él creó el espacio! Tanto que hace su morada, "su casa", en nuestro corazón. Cristo habita en tu corazón.

EJEMPLOS *BÍBLICOS*

Dios le pidió a Moisés que se quitara las sandalias porque pisaba lugar santo. ¿Por qué no se lo dijo antes? Porque de acuerdo con el relato bíblico, leemos que Moisés se acercó a la zarza, y ese acercamiento hizo que ahora ese lugar fuese santo. Cuando vemos a Dios en nuestro día, el lugar, el momento, será santo también.

Cuando Jacob escapaba de su hermano, se fue a dormir y tuvo un sueño en el que vio una escalera y ángeles que subían y bajaban. Entonces se despertó y dijo: "Dios está en este lugar". Jacob vio la presencia divina en ese ámbito. Dios siempre estuvo allí; pero él lo vio en ese momento. Fue Dios quien le mostró que estaba allí. Por tanto, debemos dejar que Él nos guíe y nos muestre de qué forma se manifiesta en el lugar físico. Para Jacob, Dios estaba en su mapa; pero sus ojos se abrieron y lo ordinario se transformó en un lugar extraordinario, en Betel (casa de Dios). Entonces Jacob ungió una piedra, que era el símbolo de la presencia de Dios.

Cuando estamos en un lugar, debemos buscar "la piedra". Una ocasión, una persona que estaba internada en terapia tenía a su lado un dibujo y, cada vez que lo observaba, experimentaba la presencia de Dios. Para esa persona ese dibujo era "su piedra". Busca tu piedra y úngela.

Yendo a pie de camino a mi casa, vi a alguien que lloraba sentado en un umbral. Me acerqué y le pregunté: "¿Estás bien?". Y me contó de su pérdida. Entonces oré por él. Luego de orar, sus ojos brillaban y tenían una gran sonrisa en su rostro. Me dio las gracias desde lo profundo de su corazón, porque un desconocido se detuvo para orar por él. Seguí mi camino. Pero esa cuadra se había transformado para mí y para él en un lugar "sagrado" lleno de la presencia de Dios. Caminé lentamente, al tiempo que agradecía al Señor por recordarme que Él llena todo lugar. Vi a Dios mirándome con la misma sonrisa. Él actúa donde lo vemos. Como el aire que está en todos lados, que al respirar somos conscientes de Dios y de su acción en nosotros. Él está con todo su ser en todo momento y lugar.

Dice Craig D. Lounsbrough: "En mis esfuerzos por huir de Dios, siempre terminaré en algún lugar donde esté Él, porque nunca me he ido de donde estaba. No hay espacio donde Dios no esté. Sin embargo, puedo eliminarlo del espacio que soy yo. Y si Él me ha otorgado ese tipo de poder, probablemente debería estar demasiado asustado para usarlo alguna vez".

Vuelve a leer Salmos 139:7–12:

¿A dónde me iré de tu Espíritu? ¿Y a dónde huiré de tu presencia? Si subiere a los cielos, allí estás tú; y si en el Seol hiciere mi estrado, he aquí, allí tú estás. Si tomare las alas del alba y habitare en el extremo del mar, aun allí me guiará tu mano, y me asirá tu diestra. Si dijere: Ciertamente las tinieblas me encubrirán; aun la noche resplandecerá alrededor de mí. Aun las tinieblas no encubren de ti, y la noche resplandece como el día.

Detente en cada palabra.

Respira cada versículo.

Permite que se haga una experiencia en tu vida.

Experimenta alabarlo al hacerlo.

Aun en lugares incómodos, Dios te usará para adornarlos con la belleza del Cristo que vive en tu vida. Disfruta de Él todo lo vivido y recibido.

PISTAS PARA VER A DIOS EN TU VIDA

Observa la presencia de Dios a donde vayas, descúbrelo. ¡Él está ahí! Algunas maneras en las que se da a conocer son:

+ Al estar en algún lugar determinado, experimentas su presencia, percibes algo en tu espíritu, un mover más fuerte.

+ Aun en un ambiente desconocido, sientes paz o comodidad.

+ Algo llama tu atención en un lugar determinado; esa es "tu piedra" o "tu zarza".

+ Un familiar te cuenta de alguien que lo ayudó en determinado lugar.

+ Alguien te recibió en un sitio con una sonrisa.

+ Alguien te abrazó.

+ Alguien te llamó o escribió, mostrando así interés en ti.

+ Alguien te escuchó con toda atención.

+ Alguien te ayudó a hacer un trámite.

+ Alguien te miró a los ojos en silencio.

Al ver a Dios en todos estos rincones del día, ¡adóralo!, ¡agradécele!, ¡celébralo! Verás entonces construirse una fortaleza y a Cristo manifestarse en ti.

6

DIOS, LA FUENTE

NECESIDADES SATISFECHAS

Dice Salmos 8:

¡Oh Jehová, Señor nuestro, ¡cuán glorioso es tu nombre en toda la tierra! Has puesto tu gloria sobre los cielos; de la boca de los niños y de los que maman, fundaste la fortaleza a causa de tus enemigos, para hacer callar al enemigo y al vengativo. Cuando veo tus cielos, obra de tus dedos, la luna y las estrellas que tú formaste, digo: ¿Qué es el hombre, para que tengas de él memoria, y el hijo del hombre, para que lo visites? Le has hecho poco menor que los ángeles, y lo coronaste de gloria y de honra. Le hiciste señorear sobre

las obras de tus manos; todo lo pusiste debajo de sus pies:
ovejas y bueyes, todo ello, y asimismo las bestias del campo,
las aves de los cielos y los peces del mar, todo cuanto pasa
por los senderos del mar ¡Oh Jehová, Señor nuestro, ¡cuán
grande es tu nombre en toda la tierra!

David experimentó al Dios creador de los cielos y de la tierra.

David observó los cielos, la luna y las estrellas que Él formó.

David vio la grandeza de Dios.

David vio la pequeñez del hombre.

David vio que hay gloria de Dios en lo creado.

David vio que hay gloria de Dios en el hombre.

Ese Dios inmenso puso autoridad en el hombre sobre lo creado, para que todo esté debajo de sus pies: animales, bestias y todo lo que se encuentra en el mar. ¡Todo! Dios puso en lo creado su gloria, un mover o esencia de Él.

Cuando el hombre ve a Dios como su fuente, todo lo creado debe obedecerlo. La cadena de mando es:

Dios

Hombre

Lo creado

Cuando las cosas creadas se convierten en la fuente, ya no se sujetan a Dios ni a nosotros, sino que nos convertimos en esclavos de ellas, y cambia la cadena de mando:

Lo creado

Hombre

Dios

Las cosas son herramientas para que las usemos, pero nada más. Dios es la fuente de todo. Las cosas se usan y se disfrutan. Los hombres creados ahora podemos usar las cosas creadas, pero solo como instrumentos o herramientas. Cuando un objeto se interpone entre Dios y nosotros, ese objeto se convierte en *la fuente* o en un *apego*, y sucede que:

+ Nos da miedo usar ese objeto y lo cuidamos obsesivamente.

+ No podemos desprendernos de él ni aun cuando ya sea de otra persona.

+ Acumulamos cosas y no podemos dejar de hacerlo.

+ Cuando perdemos *eso*, existe depresión y conflicto, lo que indica que el objeto perdido era *la* fuente.

+ Anhelamos ansiosamente algo que no tenemos.

+ Todo nuestro tiempo, nuestro hablar, giran alrededor de ese objeto o persona.

+ Dependemos de las personas y de su aprobación, de su amor, etcétera.

¿Por qué las cosas creadas se convierten en fuente del hombre?

Porque les otorgamos una extensión de nuestra identidad. La casa, el auto, las posesiones, portan una esencia nuestra; es por esto que, al perderlas, sufrimos. Ya no poseemos las cosas, sino que las cosas nos poseen. Nos hacen sentir una identidad irreal; se han transformado en "Mamón", en nuestra fuente de seguridad y cuidado.

Perder cosas es perder identidad o estima, afecto o seguridad. Cuando las cosas son la fuente, cuando creemos que serán permanentes y colocamos en ellas nuestra estima o seguridad, hemos hecho a un lado la *imagen de Dios* que se nos dio al momento de ser creados. David vio que Dios es la fuente, de modo que nos dio autoridad sobre lo creado. Las cosas creadas son herramientas para usar, disfrutar y compartir. El salmista experimentó a Dios como fuente, ya no servía a Mamón.

Pon atención en las cosas que posees: ¿son tu fuente?, ¿tienes puesto en ellas un afecto o estima desmedido?, ¿son motivo de tu preocupación?, ¿o es Dios tu fuente? Vivir bajo "Dios fuente" siempre traerá paz y gloria.

Existe una diferencia entre ser una persona necesitada y tener una necesidad. Una persona necesitada es como un vaso agujerado que recibe, pero siempre le faltará. Una persona con necesidad es un vaso al que le falta, pero cuando recibe, se llena. Sabe que, tal como dijo Jesús: *No os hagáis, pues, semejantes a ellos; porque vuestro Padre sabe de qué cosas tenéis necesidad, antes que vosotros le pidáis* (Mateo 6:8).

Si Dios no es la fuente, siempre seremos unos necesitados. Así que cada vez que un objeto venga a tu vida, dáselo en consagración a Él. Tengas o no, poseas mucho o poco, Dios debe ser *suficiente*. Cuando esperamos algo de alguien, y no nos lo da, existe desilusión, nos sentimos caídos o abatidos, porque esa persona está siendo la fuente. ¿Qué esperas de las personas?, ¿que te escuchen?, ¿que te llamen?, ¿que te ayuden?, ¿que te hablen? Toda esa necesidad desaparecerá cuando Dios sea la fuente.

¿Por qué Jesús dice que no debemos preocuparnos por lo que comeremos o vestiremos? ¿Solo lo dice para que no tengamos ansiedad y confiemos? ¡No! Es porque la preocupación es señal de que ese objeto o esa persona se ha convertido en la fuente. Por eso, Pedro escribió que no debemos estar afanados por nada. Debemos cortar toda relación de dependencia con las cosas o personas, y cada vez que tengamos preocupación o ansiedad, llevemos todo eso a la cruz, porque Dios proveerá. *Proveer* significa "ver". Así que Dios nos verá o verá que Él es nuestra fuente.

Un turista de los Estados Unidos visitó al famoso rabino polaco Chofetz Chaim. El hombre se sorprendió al ver que la casa del rabino era una habitación simple, llena de libros con una mesa y un banco. "Rabino", le preguntó el turista, "¿dónde están todos sus muebles?". "¿Dónde están los tuyos?", respondió el rabino. "¿Mis cosas?", le preguntó el desconcertado estadounidense. "Aquí soy solo un visitante, solo estoy de paso". "Yo también", fue la respuesta del rabino.

Debemos desapegarnos de nosotros mismos para apegarnos a Dios, y todo estará debajo de nuestros pies. Así como Dios está desapegado de todo, cuando nos desapegamos de nuestra alma, nos unimos con Él, somos uno en Él. Y así como a Él no le afectan las cosas, igual sucederá con nosotros. Esto no significa que ya no tendremos que pedirle algo a Dios o solo lo justo, sino que ahora que todo está debajo de nosotros. Debemos pedir todo, mucho, abundante, aun en exceso, para usarlo para Él. ¡Atrévete a pedir todo!

NIVELES EN LA FORMA EN LA QUE DIOS DA

+ "Tanto" (Rut 2:17–18).

+ "Más que suficiente" (Éxodo 36, cuando juntaron los materiales para la construcción, tuvieron que dejar de pedir porque tenían "más que suficiente").

+ "Desbordar" (Isaías 66:12).

+ "Mucho, mucho más" (2 Samuel 12:8).

+ "Más de lo que podría llevar" (2 Crónicas 20:25).

+ "Amontonados en grandes montones" (2 Crónicas 31:3–10).

Dios no da de manera uniforme, siempre lo mismo, sino que va dando diferentes cosas en diferentes etapas de la vida y todo lo que otorga es para algo. Por eso, cada pedido que hagamos a Dios debe tener un propósito, un objetivo que Dios deberá revelar. Dios da primero su proyecto y luego los materiales; así trabaja la abundancia divina, Dios nos da algo para algo, y si sobra, eso deberá ser para algo.

Cuando nos inunde la preocupación o ansiedad, ¿qué hacer? Simplemente veamos lo que Dios nos ha suplido en las últimas 24 horas. Identificar esas bendiciones da la fe para las próximas 24. Llevemos hacia la cruz nuestra ansiedad y declaremos que Él es nuestra fuente.

Dijo Hudson Taylor: "Cuando la obra de Dios se hace a la manera de Dios, para la gloria de Dios, no faltará el suministro de Dios".

Vuelve a leer Salmos 8:

¡Oh Jehová, Señor nuestro, ¡cuán glorioso es tu nombre en toda la tierra! Has puesto tu gloria sobre los cielos; de la boca de los niños y de los que maman, fundaste la fortaleza a causa de tus enemigos, para hacer callar al enemigo y al vengativo. Cuando veo tus cielos, obra de tus dedos, la luna y las estrellas que tú formaste, digo: ¿Qué es el hombre, para que tengas de él memoria, y el hijo del hombre, para que lo visites? Le has hecho poco menor que los ángeles, y lo coronaste de gloria y de honra. Le hiciste señorear sobre las obras de tus manos; todo lo pusiste debajo de sus pies: ovejas y bueyes, todo ello, y asimismo las bestias del campo, las aves de los cielos y los peces del mar, todo cuanto pasa por los senderos del mar. ¡Oh Jehová, Señor nuestro, cuán grande es tu nombre en toda la tierra!

Detente en cada palabra.

Respira cada versículo.

Permite que se convierta en una experiencia en tu vida.

Experimenta alabarlo al hacerlo.

PISTAS PARA VER A DIOS EN TU DÍA

+ Pregúntale: "Señor, ¿qué me regalaste hoy?".

+ Considera las cosas que vienen a tu vida y te hacen glorificar a Dios.

+ Piensa en cosas perdidas que han vuelto a aparecer.

+ Deja que salgan de ti aquellas cosas que no necesitas, para crear un espacio vacío para que llegue algo mejor.

+ ¿Alguien te ha regalado dinero o alguna cosa?

+ Cuando cosas mejores llegan a tu vida.

+ Un objeto, una persona o una circunstancia resuelven una carencia.

+ Cuando algún objeto que posees lo das a otros con alegría.

Recuerda siempre ver a Dios en todo rincón del día. ¡Adóralo, sé agradecido, celébralo!; entonces verás una fortaleza construirse a tu alrededor. Es Cristo aumentando su presencia en ti.

7

EL DIOS INMUTABLE

FIRME, SÓLIDO Y SIN CAMBIOS

Dice Salmos 102:25–28:

> *Desde el principio tú fundaste la tierra, y los cielos son obra de tus manos. Ellos perecerán, mas tú permanecerás; y todos ellos como una vestidura se envejecerán; como un vestido los mudarás, y serán mudados; pero tú eres el mismo, y tus años no se acabarán. Los hijos de tus siervos habitarán seguros, y su descendencia será establecida delante de ti.*

El cambio es una característica humana. Cambiamos de edad, de ideas, de objetos, de sitios. Cambia el mundo externo y también nuestro mundo interno. Cambiamos física y mentalmente. Cambia el día, la hora, el clima, todo. Cualquier cosa que tenga vida está sujeta a cambiar. Piensa en cuántas cosas han cambiado en tu vida, gente que estuvo y hoy no está, ideas, tan solo observa tu habitación o tu casa y aun los cambios tecnológicos. El cambio es inevitable. Podemos aprender algo y aumentar nuestro saber o perderlo. Dentro del cambio, algo puede mejorar o empeorar; algo puede crecer o morir; se puede avanzar o retroceder; algo puede evolucionar o involucionar.

Cambio es la característica de todo lo creado. Se piensa una cosa, luego se considera otra; se siente algo, luego ya no; algo nos gusta, más tarde ya no.

Pero Dios es inmutable, no cambia; es estable, firme, sólido, sin cambios. No cambia ni en su ser, ni en sus promesas y en su plan.

Dios no es más o menos; no mejora o empeora; no tiene plan A, B, C; no va de mejor a peor, ni de peor a mejor.

Dios no cambia ni está sujeto o le afecta el paso del tiempo. Inmutable no significa que es inmóvil o estático, porque todo cambio es actividad, pero no toda actividad es cambio. Inmutable no significa que sea insensible o frío como una piedra, tampoco que sea rígido o aburrido o monótono, puesto que al ser insondable y misterioso, ¡siempre habrá maravillas por descubrir! Su carácter de amor siempre es el mismo. Dios me ama como siempre me ha amado y me amará. Dios no cambia en su esencia; su Palabra siempre es la misma. Su plan es eterno y no se agota. ¿Dios se arrepiente?, no, porque Dios tiene una *voluntad decretada* (*búlima*, gr. βούλημ), lo que Él está determinado a hacer, y una *voluntad deseo* (*zelima*, gr. ἐλημ), que sí cambia y consiste en generar circunstancias en nosotros para cumplir su plan.

¿Cómo explicar entonces aquellos pasajes que dicen que Dios "se arrepintió" o "cambió de opinión"? Supongamos que un maestro dice que para aprobar es necesario obtener una nota de 7, pero en el examen un alumno obtiene un 5. El maestro lo reprueba. Pero entonces estudia y obtiene un 9 y aprueba. ¿El profesor cambió o cambió el alumno? Por supuesto que fue el alumno el que cambió.

Imaginemos que vamos en bicicleta hacia el sur con el viento a favor, y giramos para ir al norte y tenemos el viento en contra. ¿El viento cambió? No, fuimos nosotros quienes cambiamos de dirección. En ambos ejemplos, debemos tener la lectura correcta de las cosas. Dios no cambia, nosotros sí corregimos lo necesario. Otro ejemplo es el Sol, que siempre está presente y no cambia de temperatura o intensidad de luz. Es la Tierra la que recibe los cambios en el calor y la luz, dado que, al girar, recibe el Sol con más o menos intensidad. Dios siempre es el mismo; pero de acuerdo a nuestros movimientos experimentamos más o menos su luz. Él tiene una voluntad interna (*bulima*) que no cambia, y una externa (*zelima*) que produce cambios en el otro. Dios nos cambia sin Él cambiar.

¿CÓMO ME UNO A SU INMUTABILIDAD?

EN SU PALABRA

Supongamos que tengo ansiedad porque mi trabajo puede cambiar. Entonces, me uno a su Palabra que no cambia; la creo, la declaro y esa Palabra provoca en mí estabilidad interna.

Podemos afirmar, entonces, que yo cambio; pero Dios no cambia. Cuando me uno a Él, lo que Él es crece en mí, ¡y ahora me volví inmutable, firme, sólido, seguro! Frente a todo lo que cambia me mantengo como una roca. Me volví firme como Él porque viví su Palabra.

Cuando Jesús habló de la casa construida sobre la roca o la arena, enseñó que edificar la casa sobre la roca es hacer lo que Él dijo.

> *Cualquiera, pues, que me oye estas palabras, y las hace, le compararé a un hombre prudente, que edificó su casa sobre la roca. Pero cualquiera que me oye estas palabras y no las hace, le compararé a un hombre insensato, que edificó su casa sobre la arena.* (Mateo 7:24, 26)

Experimentar o no experimentar es la diferencia. No alcanza con saber o escuchar, hay que actuar. Dios no tiene espectadores, sino hacedores. Así nos consolidamos (ver 1 Corintios 15:58).

SABIENDO QUE SIEMPRE ESTÁ

Un hijo que sabe que su padre siempre lo escuchará, que estará cerca pase lo que pase, tiene un padre "inmutable". Así, Dios siempre está. Dios está para amarnos, escucharnos, transformarnos, etcétera. Nada de Él es "más o menos". Nada de Él se modifica. Nada se le agrega o quita. Él es.

SABIENDO QUE NO SE OLVIDA

Una persona a punto de morir pidió que le recordaran una promesa bíblica para partir con paz, dado que no recordar en ese momento las promesas le traía angustia. El pastor le dijo:

"Aunque tú no recuerdes sus promesas, Él no ha olvidado ninguna de las que te ha dado". De esta manera, esta persona partió en paz.

La gente falla y es infiel. Él, no.

La gente dice una cosa y hace otra. Él, no.

La gente está y mañana no está. Él está siempre.

Las cosas van y vienen. Él, no.

Las circunstancias mutan. Él es nuestra roca y ancla.

SABIENDO QUE SU PLAN ES FIRME

Hay personas que al no tener claro el plan de Dios, se refugian en el estudio o viven cambiando día a día por varias razones. Tienen una mente el sábado, otra el domingo y así sucesivamente. Otros creen que el plan de Dios es su llamado personal; entonces dicen: "Si no me dejan cantar o tocar un instrumento, me voy a otro lugar donde sí me dejen". Su plan eterno es que podamos vivir a Cristo y que el cuerpo crezca.

¿CÓMO PODEMOS ENTONCES EXPERIMENTAR TODAS LAS CARACTERÍSTICAS SÓLIDAS DE DIOS?

La inmutabilidad se recibe cuando lo que hago, lo hago para Él. Mi máxima satisfacción no es hacer algo bien, sino hacerlo para Él. Si todo lo que hago lo hago para Él, ¡seré inmutable! Dice Proverbios 16:3 que, si encomendamos nuestras obras y pensamientos al Señor, se establecerán. Por tanto, no debemos preguntarnos: "¿Esto que voy a hacer lo hago para Él?", porque siempre nuestra alma dirá que sí lo hacemos para Él, y sería como engañarnos a nosotros mismos. Lo mejor es no analizar para quién hacemos las cosas, sino directamente llevar a la cruz toda motivación, y antes de hacer algo, decir: "Señor, llevo a la cruz todas mis motivaciones y hago esto solo para ti, sin esperar nada de nadie".

Muchas personas dicen "Lo hago para Él" y, cuando no son reconocidos, o no pueden ser vistos o hacer lo que les gusta, dejan todo. Hagamos una buena reflexión: ¿Qué pasaría si hacemos algo y nadie se entera o le dan el crédito a otro? Qué tal si debemos dejar de hacer lo que nos gusta por otra cosa que es necesario hacer, ¿tendríamos el mismo gozo?, ¿disfrutaríamos porque lo hacemos para Él? Si es así, mantengámonos fuertes y firmes, sin cambio o fluctuaciones.

La gente cambia porque está sujeta a tiempo, materia y espacio. Cuando lo que hacemos o decimos es *para la gente*, corremos el riesgo de mutar según las personas. Pero cuando lo que hacemos y decimos es *solo para Él*, somos más como Él, inmutables en palabra, carácter y plan. Esto es clave, por lo que lo volveré a repetir: en todo lo que hagamos para la gente y su mirada o reconocimiento, aun cuando nos gusta a nuestra propia mirada, nos mantendrá inestables. Pero en todo lo que hagamos *solo para Él*, seremos sólidos y nos mantendremos firmes ante todo.

HACIENDO TODO PARA SU GLORIA

El Señor me mostró en estos días que cuando alguien hace las cosas de manera mediocre, es porque no ve la grandeza inconmensurable de Aquel a quien sirve. Un día, el rey Salomón le dio como regalo al rey Hiram (quien lo había ayudado por años con oro y madera de cedro) unas ciudades que no tenían valor

alguno. El rey Hiram llamó a este presente "Cabul", que significa "bueno para nada". Este regalo fue una ofensa; Salomón no
tuvo en cuenta a quién le daba ese regalo miserable. Siglos después, tenemos a la viuda que dio dos monedas de ofrenda en el
templo, todo lo que poseía. Ella lo hizo porque vio la grandeza
de Aquel a quien ofrendaba. Hacer las cosas para el ojo humano
traerá consigo dolor.

Un viernes, la multitud le gritó a Jesús: "¡Hosanna!"; y a la
semana siguiente, la misma multitud vociferaba: "¡Crucifícale!".
Pero Jesús siguió adelante, con su rostro firme, porque todo lo
que Él hacía, lo hacía para el Padre. En una ocasión, el apóstol
Pablo realizó un milagro y las personas de esa ciudad dijeron
que era un dios. Cuando de inmediato Pablo los desmintió, esa
misma multitud empezó a apedrearlo. Sin embargo, el apóstol
siguió adelante, porque todo lo hacía para el Padre.

Vuelve a leer Salmos 102:25–28:

*Desde el principio tú fundaste la tierra, y los cielos son obra
de tus manos. Ellos perecerán, mas tú permanecerás; y
todos ellos como una vestidura se envejecerán; como un ves-
tido los mudarás, y serán mudados; pero tú eres el mismo, y
tus años no se acabarán. Los hijos de tus siervos habitarán
seguros, y su descendencia será establecida delante de ti.*

Detente en cada palabra.

Respira cada versículo.

Permite que se haga una experiencia en tu vida.

Experimenta alabarlo al hacerlo.

PISTAS PARA VER A DIOS EN TU DÍA

+ Toda actitud interna o externa en la que te sientas fuerte, sólido, firme, ¡es porque Él está ahí!

+ Cuando en las cosas o situaciones que enfrentas no hay cambios; donde todo sigue igual, donde no hay alteración.

+ Cuando la gente es leal o fiel a lo que te ha dicho.

+ Toda promesa que Dios te ha dado se ha cumplido hasta hoy.

8

EL DIOS ETERNO

MOMENTOS CUMBRE

Dice Salmos 90:1-2, 4:

Señor, tú nos has sido refugio de generación en generación. Antes que naciesen los montes, y formases la tierra y el mundo, desde el siglo y hasta el siglo, tú eres Dios. Porque mil años delante de tus ojos son como el día de ayer, que pasó, y como una de las vigilias de la noche.

Piensa en tu nacimiento, en tu niñez, tu adolescencia, en el hoy..., cuántas cosas han sucedido en el último año, en los últimos cinco años o veinte; pero para Dios es como si nada hubiera pasado. Los seres humanos estamos sujetos a un crecimiento evolutivo al paso del tiempo, desde la niñez hasta la vejez. Pero Dios no crece; Dios es. Él es el "Yo soy". Él es el eterno presente. Mil años es un eterno presente en Él.

Nosotros estamos sujetos a tiempo, materia y espacio; Dios, no. Él creó todo. A Dios no le afecta "llegar tarde", "tener prisa", "no tener tiempo", "ser puntual", "que este sea mi tiempo" o "que no pueda perder tiempo". La eternidad no es mucho tiempo extendido. Es una existencia por afuera del tiempo. La eternidad es una existencia que no se agota ni se gasta ni se modifica. ¿Puedes imaginar este punto?; bueno, eso es eternidad, un continuo presente. ¿Puedes imaginar una recta sin fin?, tanto hacia la derecha como hacia la izquierda, ¡eso es eternidad! Imagina un círculo: eso es eternidad. Imagina una espiral ascendente y descendente, eso es eternidad.

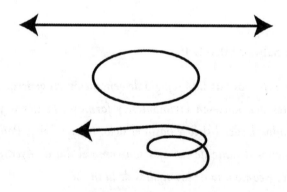

Imagina un cero en medio, y a derecha e izquierda el sinfín:

...4 3 2 1 0 1 2 3 4...

El Señor usa el tiempo como Él quiere; pero el tiempo nada le puede decir a Él.

¿CÓMO PUEDO EXPERIMENTAR LA ETERNIDAD EN MI VIDA?

DIOS NO HA TERMINADO AÚN CONTIGO

Dice la Palabra que el que empezó la buena obra, la perfeccionará. En otras palabras, ¡Dios sigue trabajando en nosotros! Como humanos que somos, creemos que cuando nos sucede algo que no entendemos, es el fin. Por ejemplo: si perdimos el trabajo, es el fin; si el matrimonio se separa, es el fin; fallamos en algo, es el fin; somos diagnosticados con una enfermedad, es el fin. Sin embargo, ¡resulta que no es el fin!, sino apenas el medio, porque a pesar de ello seguimos en el juego: Dios sigue todavía escribiendo nuestra historia. Solo es cuestión de pasar la página.

Perdí el trabajo: es el medio.

Me separé: es el medio.

Fallé: es el medio.

Estoy enfermo: es el medio.

La cruz parecía el fin; pero fue el medio.

La muerte de Cristo parecía el fin; era el medio.

Su resurrección parecía el fin; fue el medio.

La eternidad es el fin; y mientras estamos en la mitad del partido. Todo lo que nos sucede que parece no tener fin, lo tendrá. Por el momento, vivimos ahora en el medio tiempo. Solo su eternidad no tendrá fin. Su eternidad será el fin; el fin del fin.

¡Podemos entrar en la eternidad ahora! ¿Cómo? Solo cuando consideramos todo lo que sucede aquí como "el medio", como pasajero, temporal. Porque cuando vemos a Dios como quien no tiene fin, el amor sin fin, ¡aprenderemos a vivir el ahora sin temor al tiempo!

Cada situación es solo una pieza del rompecabezas; a veces, cada una encaja fácilmente con la otra; otras veces hay que tomar una pieza y observarla varias veces para ver dónde va; y otras veces hay que tomarla y dejarla a un costado y seguir armando el rompecabezas con otras piezas, para luego, más adelante en el tiempo, ver que esa pieza tiene su lugar. Pidamos a Dios poder ver las maneras misteriosas en las que Él está trabajando en nuestras crisis.

Solo en la eternidad veremos el cuadro completo, cuando Él sea parte eterna en nosotros. Hoy podemos vivir en la eternidad en un mundo temporal. Dios da nuevas oportunidades; a veces, la misma, y a veces una nueva y mejor. Nunca hay fin en Él.

MOMENTOS DE PLENITUD

También los podríamos llamar *momentos cumbre* o *momentos de fluir*. Hay momentos que cuando uno hace algo que lo apasiona, pierde la noción del tiempo y el lugar. Por ejemplo, cuando uno practica su pasatiempo favorito, un deporte o la música, no se da cuenta del tiempo transcurrido. Parece como si el tiempo se hubiera detenido, es cuando uno exclama: "¡Tanto tiempo pasó y no me di cuenta!". Son *estados de eternidad*, *momentos de fluir* el gozo: estar con los hijos, salir a caminar, entre otras, no son experiencias solo de descansar sin hacer nada, sino que son de mucha pasión, intensidad y, en ocasiones, desafiantes y difíciles. Algunas características de estos momentos son:

+ No hay distracciones mentales, ni mucha consciencia de uno mismo.

+ No percibimos las distracciones externas.

+ No hay noción de tiempo ni lugar.

+ Sentimos cierto nivel de desafío.

+ Al salir de tales momentos, nos damos cuenta de la alegría de lo vivido y de su inefabilidad.

+ A veces son de descubrimiento de alguna verdad de Dios.

+ Sucede alguna modificación interna o transformación, aumento de Cristo.

Cuando caminamos, jugamos, leemos o investigamos, se trata de verlo a Él. Jesús dijo que de nuestro interior fluiría agua de vida. C. S. Lewis dijo: "El presente es el punto en el que el tiempo toca la eternidad". Tenemos un cuerpo temporal; pero un espíritu eterno. Es por esto que podemos tocar la dimensión eterna en lo temporal. Así como una vela se desgasta (cuerpo-alma), la llama (espíritu) no envejece, no cambia. Siempre se mantiene eterna.

MOMENTOS DE PLENITUD QUE DEJAN HUELLA

Son lo mismo que los momentos anteriormente expuestos, pero estos dejan recuerdos a través de los años. Son muchos momentos que recordaremos. Son de gran impacto, memorables. Nosotros recordamos momentos, los clímax de eso que sucedió. Por ejemplo, cuando vamos de vacaciones, después no recordamos todo lo vivido, sino más específicamente esos momentos bellos donde Dios se hizo presente:

+ Momentos elevados que sobresalen de entre otros.

+ Con una carga de agradecimiento, paz, alegría y asombro.

+ Que parecen que suspendieron el tiempo y el espacio al suceder; ni siquiera recordamos el tiempo de duración.

+ Él estaba escondido allí.

MOMENTOS DE PLENITUD DIRECTA CON ÉL

¡La plenitud es leer su Palabra y pasar tiempo (o perder la noción del tiempo) con Él, disfrutando de su presencia! Momentos donde el deseo de estar con Él se activa o se despierta, o hay un asombro ante su hermosura.

Recuerdo en una oportunidad haber caminado ocho horas con un amigo, hablando de las cosas de Dios ¡sin darnos cuenta! Adorarlo, orar, meditar, sin tener noción del tiempo, es deleitarse en Él y alcanzar la plenitud de gozo. ¡Puedo estudiar la Palabra durante horas sin darme cuenta! Puede ser que en lo temporal sea poco tiempo, pero siempre que perdemos la noción del tiempo y del espacio ¡allí está la eternidad delante de nosotros!

Me gusta representar a Dios con el signo "+", donde la línea horizontal es el tiempo y la vertical es la eternidad. Podemos hacer que ambas se toquen.

Entendámoslo así: siempre en la superficie hay poco de Él, pero por debajo hay mucho. Nademos siempre en aguas profundas para buscar a Dios.

No recordamos los días ni los meses ni la vida entera, sino solo esos momentos que quedaron grabados, que tienen lugar cuando tocamos la eternidad. Momentos felices, desafiantes, breves, extensos, no importa; son una marca porque Él estuvo allí presente con su eternidad.

Si cada día le digo: "Señor, ¿dónde estás ahora?", y lo veo; ese momento será un registro glorioso en mi vida. Ese momento adquiere significado en mi espíritu. Por tanto, no debemos enfocarnos en vivir el presente o concentrarnos en la respiración para vivir el momento, sino que debemos en cada momento buscarlo a Él para que ese instante sea lleno de su gloria y amor.

¡Concéntrate en verlo a Él en cada momento y no en vivir el momento! Verlo a Él es vivir el momento en *su* vivir. Cuando tu mente salte al pasado o al futuro, no la traigas a enfocarse en tu presente, sino enfócate en Él, en el ahora. Así disfrutarás cada momento, y al verlo, tocarás la eternidad. Me gusta cómo lo dice Charlotte Gilman: "La eternidad no es algo que comienza después de que estás muerto. Está sucediendo todo el tiempo".

Vuelve a leer Salmos 90:1–2, 4:

Señor, tú nos has sido refugio de generación en generación.
Antes que naciesen los montes, y formases la tierra y el
mundo, desde el siglo y hasta el siglo, tú eres Dios. Porque
mil años delante de tus ojos son como el día de ayer, que
pasó, y como una de las vigilias de la noche.

Detente en cada palabra.

Respira cada versículo.

Permite que se haga una experiencia en tu vida.

Experimenta alabarlo al hacerlo.

PISTAS PARA VER A DIOS EN TU DÍA

+ Ante una pérdida o algo que parece ser el fin, solo sientes paz y una esperanza inexplicables.

+ Algo crece o se multiplica más rápido de lo normal.

+ Algo que debía producirse en mucho tiempo, paulatinamente viene todo junto, de golpe.

+ Cuando pierdes la noción del tiempo y el espacio durante una circunstancia o una conversación, mientras caminas o ves la televisión, pero sientes paz y gozo.

+ Recuerdos cumbre del pasado que vienen a tu vida porque dejaron una huella hermosa.

Al verlo a Dios en ese rincón del día, ¡adóralo, agradécele, celébralo!, verás una fortaleza construirse; a Cristo aumentar.

9

EL DIOS QUE LO SABE TODO

MOMENTOS DE CLARIDAD

Recuerda que cada salmo es una experiencia que David tuvo con un aspecto de Dios. Estudiar los salmos y armar bosquejos homiléticos es una gran pérdida, un saber, una teoría fría sin experimentación, porque la realidad es que ¡cada palabra es para vivirla! Ya después habrá tiempo de teorizar.

Salmos 139:1–6 dice:

Oh Jehová, tú me has examinado y conocido. Tú has conocido mi sentarme y mi levantarme; has entendido desde lejos mis pensamientos. Has escudriñado mi andar y mi reposo, y todos mis caminos te son conocidos. Pues aún no está la palabra en mi lengua y he aquí, oh Jehová, tú la sabes toda. Detrás y delante me rodeaste, y sobre mí pusiste tu mano. Tal conocimiento es demasiado maravilloso para mí; alto es, no lo puedo comprender.

David experimentó la omnisciencia de Dios. Dios lo sabe todo, ¡su conocimiento no aumenta ni disminuye!, y abarca todas las disciplinas, todos los saberes de cada día, de cada año, de cada siglo, de todos los tiempos. ¡Experimenta eso!

La Escritura dice que Dios determina el número de estrellas y las llama por su nombre (ver Salmos 147:4–5). Algunas personas creen que hay 70 000 millones de millones de estrellas. Eso es el número 70 con 22 ceros. Y aun Él sabe cuántos son los cabellos de nuestra cabeza. Sabe todo de todos, de todos los tiempos. Piensa en un animal y nombra cada una de sus partes. Ahora, nombra diez animales distintos y nombra cada parte. Ahora 1000 animales distintos. Ahora un millón. Ahora, nombra cada animal que vive en este momento en todo el planeta. Y ahora, cada animal que vivió en toda la tierra antes… dice Salmos 139:6:

Tal conocimiento es demasiado maravilloso para mí; alto es, no lo puedo comprender. Y si sumamos geografía, física, biología, astronomía, matemáticas; cada persona, cada acción de cada persona, cada pensamiento de cada persona en toda la tierra en los últimos años…Tal conocimiento es demasiado maravilloso para mí; alto es, no lo puedo comprender.

La realidad es que nosotros aprendemos del conocimiento; Dios lo sabe todo, le es innato. Él no descubre ni olvida. Nosotros acumulamos saber; Dios sabe todo de todos simultáneamente. ¿Qué podrías responder a estas preguntas?: ¿Cuántas semillas hay en una manzana?, ¿y en cien manzanas?, ¿y en cinco millones de manzanas? ¿Cuántas semillas hay en las peras?, ¿y en los higos?, ¿y en las verduras de todo el mundo de los últimos años? Tendríamos que contar cuántas semillas hay en una manzana; pero Dios sabe de todas las manzanas de todos los tiempos. Él posee el saber simultáneamente; pero nosotros adquirimos el conocimiento de otros; Dios, de nadie. Seguramente al contar las semillas de un par de manzanas me equivoque. Pero Dios jamás se ha equivocado en su saber. Hasta el más sabio de los sabios solo sabe casi nada de algo muy pequeño. *Tal conocimiento es demasiado maravilloso para mí; alto es, no lo puedo comprender.*

Él sabe también cuántos animales, minerales, vegetales, humanos, pensamientos y acciones de uno a mil años hacia adelante; sabe todo de todos. Sabe todo el pasado, el presente y el futuro de todos los siglos. *Tal conocimiento es demasiado maravilloso para mí; alto es, no lo puedo comprender.*

Ahora, ese Dios sabio e inmenso nos mira, nos ve, nos conoce, nos estudia, nos ama.

¿CÓMO SE EXPRESA EL CONOCIMIENTO DE DIOS?

SON MOMENTOS DE CLARIDAD

+ Cuando algo confuso se aclara. Es como una epifanía (ver algo que no veíamos). Cuando se tiene una comprensión repentina de algo. En una revelación que nos cambia la vida (por ejemplo, identificaste la última pieza del armado del rompecabezas). Es el ¡eureka!, un *¡wow!*, un ¡ajá!

+ Cuando sucede una revelación instantánea, un deslumbramiento del destello de relámpagos.

+ Mi vida fue un revoltijo en un minuto, y al minuto siguiente estaba totalmente cambiado.

+ Un "aparecer" o "manifestarse".

+ Por medio de un salto de comprensión sorprendente.

+ A través de un conocimiento profundo; cuando algo viejo se ve de una nueva manera.

+ O una comprensión de algo más profundo trae una transformación, puede ser por oír algo o por un suceso, que trae un cambio de perspectiva.

+ Es como una llave que abre una puerta nueva.

+ Es ese increíble rayo brillante que sale de Dios.

¿Cuál ha sido tu máxima epifanía o momento de claridad?, ¿cuáles tuviste hoy? Pueden llegar cuando nos encontramos leyendo la Palabra, o adorando, o leyendo un libro, viendo una película, o "de golpe" al escuchar una frase. ¡Ahí está Él! Ahora comprendes y tienes en claro algo específico en tu vida, ya sea una pregunta o un problema; algo de tu carácter se resuelve en un instante.

Conocí a una persona que se quejaba y peleaba por todo. Un día, le sugerí que fuera al hospital de oncología para hacer un servicio solidario. Cuando regresó estaba llorando y me comentó: "Cuando hablé con ese niño con cáncer, lloré y, al salir de ese lugar, me di cuenta de lo inmaduro que fui toda mi vida". Hasta el día de hoy, ese *momento de claridad* cambió toda su vida.

Una persona estaba resentida y enojada con su padre. Le contó a un amigo creyente cuánto daño le había hecho él. Ese compañero tuvo un *momento de claridad* y le dijo: "Yo te pido perdón en nombre de tu papá por todo lo que te hizo". Estas palabras trajeron un impacto tan grande en el muchacho que lloró y lloró, y ese mismo día perdonó a su papá. Esa fue su epifanía, su *momento de claridad*.

Una nena estaba parada en la piscina con mucho miedo de tirarse porque temía aprender a nadar. Una mujer anciana que estaba nadando se le acercó y le dijo: "Aun con miedo, hazlo". Hoy, esa persona adulta sigue recordando ese *momento de claridad* que le dio el ánimo que necesitaba para aprender a nadar.

Leí que una persona estaba en una silla de ruedas, cuando alguien se acercó y le preguntó si era difícil estar confinada a ella. A lo que la persona respondió: "No estoy confinada a la silla, estoy liberada por ella. Si no fuera por mi silla de ruedas estaría en la cama y nunca podría salir de mi habitación o de mi casa". Al escuchar esa respuesta, esas palabras produjeron un impacto en quien hizo la pregunta que cambió su vida y su manera de mirar las cosas.

Fui a anotarme a la facultad para estudiar. Alguien me preguntó: "¿Para qué quieres estudiar si ya tienes un título? Además, cuando te recibas vas a tener sesenta años". De golpe, tuve un momento de claridad y escuché: "De igual modo llegarás a los sesenta; así que estudia y llega a esa edad con el título en la mano". Eso me animó a estudiar e ignorar lo que me habían dicho.

Una persona estaba muy angustiada porque su mamá tenía ochenta años y pensaba en cuando ella no estuviera más. Le pregunté: "¿Está viva ahora?". "Sí", respondió. "Disfrútala, entonces", le aconsejé, "cuando muera, ya habrá mucho tiempo para llorar". ¡Ese momento de claridad cambió y quitó su angustia en un instante!

Todos aquellos que conoces saben algo que tú no. Mi abuelo me dijo esto en una ocasión, y ha sido un buen recordatorio de que estoy rodeado de maestros.

Una persona llena de odio y resentimiento tuvo su *momento de claridad* y dijo: "Perdónalo, tú no mereces cargar con ese odio". Esa epifanía la liberó.

Cuando era chico, fui a comer a una casa pequeña y sencilla donde nos dieron una comida que no me gustó y dije: "No me gusta esta comida". Mi mamá me dijo: "Disfrútala; para ellos, esto es un verdadero esfuerzo". Esas palabras me llevaron a mirarlos y a sentir su amor. Ese plato fue uno de los mejores de mi vida.

De adolescente era muy tímido y se burlaban mucho de mí. Un día, estando en el primer año de la escuela secundaria, llevé un libro de teología conmigo. La profesora lo vio y me preguntó: "¿Tú lees este libro?". "Sí", le respondí con mucho temor. "Hay que ser una persona muy profunda para leer esto, te felicito", me dijo. Pasaron cuarenta años y aún recuerdo ese *momento de claridad* donde Él se expresó.

Una familia perdió a su hijo en un accidente. La hermana pequeña les dijo a sus padres: "Jamás tendré hijos para no tener que pasar por esto". Los padres le respondieron: "Hija, un minuto contigo en nuestra vida vale más que todo el dolor que ahora estamos teniendo". Estas palabras cambiaron la vida de esa joven.

Una persona fumaba mucho. Un día, tuvo un golpe de claridad: "Tus hijos te necesitan". Esa epifanía hizo que de un momento a otro dejara de fumar.

Como puedes apreciar, los *momentos de claridad* son como estar perdido en medio del mar y, de pronto, saber qué camino tomar.

SON MOMENTOS DE CLARIDAD "PARA HABLAR"

Con palabras comunes decimos algo no común. Entonces, algo oculto a la vista ahora se ve, resulta obvio. Es una ventana donde había una pared que ahora permite ver.

¿CÓMO EXPERIMENTAR CONOCIMIENTO?

BUSCA AGRESIVAMENTE APRENDER MÁS DE DIOS

Jesús le dijo a Pedro que lo que Él hacía, lo iba a entender más tarde. Cuando buscamos conocer más de Dios, esas acciones serán los *momentos de claridad*. Me sucedió que después de años de estar en un hospital, de golpe entendí todo lo que había escuchado y vivido. Fue algo como esos adornos que uno sacude y aparece nieve, y tras un breve tiempo todo vuelve a la normalidad. Cuando uno está en la orilla puede visualizar poco, pero cada día aprendemos algo nuevo de Él. Pide a Dios una experiencia de todo lo que leas o escuches de Él.

Un discípulo le preguntó a un sabio cómo recordar sus estudios de la Torá. El rabí, a su vez, le preguntó: "¿Acaso alguna vez te olvidaste de comer? ¿Pusiste alguna vez un tenedor en tu oreja, en lugar de ponerlo en tu boca?". "No", dijo el discípulo. "¿Y por qué no?", dijo el rabino, "si tu vida depende de la comida y nadie puede olvidar un proceso de vida tan esencial. De igual manera, cuando una persona llega a la conclusión de que la Torá lo mantiene con vida, nunca olvida una palabra de los estudios que la vivifican".

¡Nuestra tarea es "comer a Cristo"!

Mientras miraba la gran ciudad de París, Santo Tomás de Aquino dijo: "Daría todo esto por el *Comentario de Crisóstomo sobre San Mateo*". Busquemos más profundidad que extensión del conocimiento superficial. La acción de cavar más hondo el pozo que estás cavando te brindará profundidad para que luego puedas conectar los pozos.

La revelación divina nunca se termina porque consiste en descubrir verdades eternas sobre otras verdades eternas sin fin. Es como subir una montaña sin fin. Un océano eterno.

INFORMACIÓN VS. REVELACIÓN

- Si recuerdas algo, es revelación; si escuchas algo y lo olvidas, es información.

+ Si tienes un deseo de compartirlo, es revelación; si te impacta, pero no lo compartes a nadie, es información.

+ Si trae en ti un aumento de Cristo, es revelación; si no te transforma, es información.

+ Si lo pones por obra, es revelación; si no lo aplicas, es solo información.

+ Si lo ves, es revelación; si lo piensas, es información.

+ Si genera un *¡wow!*, un ¡ajá!, es revelación; si solo expresas algo como "qué lindo", "qué interesante" o "ya lo sabía", es información.

+ Si tomas nota, es revelación; si no lo registras en ningún lugar, es información.

+ Si te maravilla, es revelación; si te emociona, es información.

+ Si te transforma, es revelación; si te forma, es información.

La revelación produce una mente clara, ¡porque es la mente de Cristo!

COMIENZA POR LA HUMILDAD

El secreto del aprendizaje o de la sabiduría es crecer. Para ello, tenemos que entrar con humildad en el círculo del crecimiento:

No sé—soy torpe—sé.

Cuando primero decimos *no sé*, estamos reconociendo nuestra ignorancia. Aceptamos que hay algo que no sabemos. Por ejemplo, si quiero hacer un curso de cocina para aprender a cocinar, lo primero que tengo que hacer para crecer y aprender es decir *no sé*. En segundo lugar, me sentiré torpe al preparar la comida, sentiré que todavía no manejo las herramientas. Pero con la práctica y la teoría, terminaré por saber. El experto también fue ignorante en su materia específica. Dijo: "No sé"; luego se sintió torpe, y finalmente aprendió. Si yo deseo seguir aprendiendo en otro campo que no sea el mío, pasaré por las mismas etapas: no sabré, me sentiré torpe; pero luego, aprenderé.

Durante una estancia en México, un amigo me comentó acerca de la portada de un libro de fisiología. En el gráfico se leía lo siguiente:

No sé

Sé algo

Sé mucho

Sé mucho y demasiado

No sé.

Cuando uno comienza a estudiar, es el *no sé*. Después de estudiar un poquito, pasa a *sé algo*. Sigue uno estudiando y llega a *sé mucho*. Pero cuando estudiamos muchísimo, *sabemos mucho y demasiado*... y es precisamente en este momento donde nos damos cuenta de que, al final, ¡*no sabemos*! Hay una máxima que dice: "Solo sé, que no sé nada". Esto demuestra humildad. La humildad consiste en ser enseñable, en reconocer que no sabemos, dejarse enseñar y transformar el conocimiento en aprendizaje.

LA ESCALERA DEL CONOCIMIENTO DIVINO

¿Cómo saber que estamos ante un "saber divino" y cuidar de no introducir datos malos a nuestra alma? El conocimiento divino es una escalera; cuanto más aprendemos de Él, más subimos. Simultáneamente aprendemos de nuestras debilidades, incapacidades humanas, y descendemos. Es decir, si Dios crece y yo disminuyo simultáneamente, estoy en vida. Si aprendo algo de Él y me la creo, fallo en el descenso, el verme a mí mismo con honestidad. No puedo conocerlo a Él si no me veo a mí. Y si me veo débil y siento que no puedo nada, fallo en el ascenso, en verlo a Él. ¡Cuanto más descubro de Dios, más veo qué hay para descubrir de Él! Es una escalera de ascenso y descenso sin límites.

RELÁJATE Y VIVE SUELTO MIENTRAS APRENDES

No fuerces ni presiones nada. Solo confía. No forzar sino confiar, una vez repetidos estos momentos se vuelve algo continuo. Ya hay una fuente de revelación que viene mientras caminas, o vas camino al trabajo o estás mirando el mar, adorando, ya sea sentado o bañándote. Dios no puede darnos claridad mientras estamos con miedo o ansiedad. No son las actividades las que te traen revelación, es Dios en medio de ese mover.

Vuelve a leer Salmos 139:1–6:

Oh Jehová, tú me has examinado y conocido. Tú has conocido mi sentarme y mi levantarme; has entendido desde lejos mis pensamientos. Has escudriñado mi andar y mi reposo, y todos mis caminos te son conocidos. Pues aún no está la palabra en mi lengua y he aquí, oh Jehová, tú la sabes toda. Detrás y delante me rodeaste, y sobre mí pusiste tu mano. Tal conocimiento es demasiado maravilloso para mí; alto es, no lo puedo comprender.

Detente en cada palabra.

Respira cada versículo.

Permite que se haga una experiencia en tu vida.

Experimenta alabarlo al hacerlo.

PISTAS PARA VER A DIOS EN TU DÍA

+ En todo descubrimiento espontáneo en ti.

+ En todo lo que leas o escuches que traiga claridad.

+ Todo lo que digas que a otro le traiga claridad.

+ Cuando sabes qué decir en una situación determinada o hablar de forma relajada en situaciones donde antes había ansiedad o presión.

+ Cuando hablas, las nuevas ideas gloriosas que antes desconocías comienzan a salir y a traer un nuevo nivel de luz.

+ Cuando sabes algo de otra persona de manera espontánea.

+ Cuando hablas, recibes o dices una respuesta que otra persona necesitaba y le trae paz.

+ Cuando entiendes cosas que antes habías aprendido, pero ahora con más luz.

+ Ciertos pasajes bíblicos cobran un nuevo significado en tu vida.

10

EL DIOS SABIO

RESOLVER PROBLEMAS Y AVANZAR

Dice Salmos 19:7–14:

La ley de Jehová es perfecta, que convierte el alma; el testi-monio de Jehová es fiel, que hace sabio al sencillo. Los man-damientos de Jehová son rectos, que alegran el corazón; el precepto de Jehová

es puro, que alumbra los ojos. El temor de Jehová es limpio, que permanece para siempre; los juicios de Jehová son verdad, todos justos. Deseables son más que el oro, y más que mucho oro afinado; y dulces más que miel, y que la que destila del panal. Tu siervo es además amonestado con ellos; en guardarlos hay grande galardón.

¿Quién podrá entender sus propios errores?

Líbrame de los que me son ocultos.

Preserva también a tu siervo de las soberbias; que no se enseñoreen de mí; entonces seré íntegro, y estaré limpio de gran rebelión.

Sean gratos los dichos de mi boca y la meditación de mi corazón delante de ti, oh Jehová, roca mía, y redentor mío.

Conocimiento es tener *momentos* de *claridad*, revelación, como lo vimos en el capítulo anterior. Es un *saber*.

Sabiduría es "saber cómo". Es saber usar el conocimiento para resolver y avanzar. Sabiduría es "cómo aplico algo". Es un hecho artístico cuando hacemos algo y decimos: "¡*Wow!*, funcionó lo que hice".

Piensa en los problemas o desafíos que tenemos desde que nacemos; aun los creyentes estamos llenos de problemas en todas las áreas. ¿Qué hacer? ¡Echar mano de la sabiduría de Dios! Para todo, hace falta sabiduría.

Louis Berkhof dijo que la sabiduría es usar los mejores medios para lograr los mejores resultados. Supongamos que quiero un trabajo (es un buen fin), pero necesito usar los mejores medios para lograr eso. El conocimiento es la herramienta que usa la sabiduría. Por eso, muchas veces se citan juntos en la Biblia.

En Salmos 51:6 leemos:

*He aquí, tú amas la verdad en lo íntimo, y en lo secreto me
has hecho comprender sabiduría.*

Dios ha resuelto todo problema que se le haya presentado.
¡Todos! Y no solo eso, sino que su sabiduría siempre es de mayor
alcance, porque todo lo que hace es bueno y *bueno en gran
manera* (Génesis 1:31).

Dice el libro de Eclesiastés 10:10:

*Si se embotare el hierro, y su filo no fuere amolado, hay que
añadir entonces más fuerza; pero la sabiduría es provechosa
para dirigir.*

La sabiduría es afilar el hacha para hacer un trabajo más
fácil y con más eficacia.

En el plano natural se descubrió que hay varios tipos de
inteligencia, una es intelectual y la otra es práctica (la inteligencia de la calle, por decirlo de alguna manera). La inteligencia
práctica se trata de asimilar lo que nos rodea, averiguar lo que
está sucediendo, para luego tomar las mejores decisiones. Pero
la sabiduría de Dios es mucho más grande y tiene dos aspectos:

1. Resolver todos los problemas.

2. Traer un avance.

¿CÓMO NOS LLEGA LA SABIDURÍA DE DIOS?

De muchas maneras. Él puede darnos una pregunta, una
anécdota sobre qué decir o cómo tratar a otros, una idea, etcétera; es decir, cualquier conocimiento que al ser aplicado resuelve
una situación o nos acerca más al Señor. Es una sabiduría que se

basa en la acción. Es hacer lo correcto en el momento correcto. Es llegar a la meta correcta con la motivación correcta. Dice Jeremías 33:3:

Clama a mí, y yo te responderé, y te enseñaré cosas grandes y ocultas que tú no conoces.

Dice la Biblia que Dios nos mostrará cosas grandes (no dice que hará). Mostrar es enseñar algo: para prosperar, para resolver problemas, en fin, para todo. Estas ideas *luz* no las sabemos, pero se refieren a cosas grandes que *no conocemos*, esto es, cosas que están fuera de nuestra realidad presente.

Leemos en Salmos 49:3:

Mi boca hablará sabiduría.

Dijo Immanuel Kant: "Ciencia es conocimiento organizado. Sabiduría es vida organizada". Analicemos los dos objetivos.

PRODUCIR UN AVANCE

La primera revelación de Dios en Génesis 1 es el Dios que crea. Él es creativo y la creatividad es producir algo que sirva. No es responder irónicamente o tener una salida inteligente, sino crear o producir algo que resuelve o aporta algo más. Siempre que pensamos en algo creativo viene a nuestra mente una idea, una poesía, una pintura, una pieza musical, algo insólito. Pero cuando Dios crea, produce belleza, gloria, esplendor, ternura y muchas cosas más. Dios nos llama a crear bondad, algo bello, vida, y si nos enfocamos en ello se producirá algo glorioso.

Dios nos da algo de su saber para producir un resultado, como belleza, bondad o paz. En Génesis 1, cuando Dios creó dijo que era "bueno". Él creó la bondad. La creatividad de Dios no es como la humana, que solo sirve para expresarse, sino que tiene una intención, la de producir algo de Él, de su carácter. Ese es el mejor avance.

Avance también significa tener una visión grande: tener y saber cómo prosperar, disfrutar una mejor pareja, tener mejor salud. No es mantener lo que tengo, sino ir por más de lo que tengo. Si tengo cinco talentos, ahora tendré cinco más. Eso es sabiduría de Él.

RESOLVER PROBLEMAS

Son ideas prácticas para aplicar y usar; para resolver distintas situaciones. No es ser inteligente, sino saber cómo aplico la sabiduría en la vida. El foco es la solución, no el problema. Es encontrar la mejor opción, es saber cómo hacer algo, es saber qué decir y cómo decirlo, es saber cuándo tengo que actuar rápidamente y cuándo no. Es la aplicación práctica llamada *sabiduría práctica*; saber resolver cualquier tema.

Una persona puede tener mucho saber, y en realidad no tener sabiduría, es decir, no saber aplicar lo que sabe a su diario vivir. El apóstol Santiago dice que esta sabiduría es buena y amorosa en sus resultados. Podemos ver el problema, o verlo como la puerta por donde Dios se expresará. Cada vez que tengas una discusión, no te angusties ni te preguntes por qué, sino enfócate en pedirle al Señor su sabiduría para resolverlo. Las personas vienen a nuestra vida con dos carteles, donde uno dice: "Bendiciones para disfrutar", y el otro: "Problemas para que crezcas".

CÓMO ADQUIRIR SABIDURÍA

TRANSFORMA TODO PROBLEMA EN UN TEMA DE ESTUDIO (DE APRENDIZAJE)

¿Qué puedo aprender de esto?, pregúntate. Investiga lo que esa crisis o ese dolor te puede dejar de enseñanza. El mejor regalo que ese problema te puede dar es obtener una enseñanza para la vida, y esta contiene la solución a ese problema. Ese aprendizaje produce un aumento de Cristo. Este aprovechamiento del problema se puede transformar en experiencia, si de él extraemos una enseñanza. Así que busca la solución divina y no te enfoques en el problema ni en echar culpas o en las personas. Solo míralo a Él glorificarse en esa dificultad.

Un problema no tiene una única solución, tiene muchas. Dios es sabio, y nos da junto con la prueba la salida (recuerda siempre que ya otros han pasado por esa dificultad y la resolvieron). De modo que no luches contra tus problemas; sino dáselos al Señor y busca tener paz. Dios envía su sabiduría en medio de tu paz. Si tienes paz, es cuestión de tiempo para que la solución llegue.

Sí, los primeros problemas duelen y traen angustia, pero cuando nos movemos en la sabiduría divina todo problema cae delante de Él, y la fuente del fluir se suelta en nuestra vida. Recuerda que después de resolver un problema, vendrá otro que necesitará de tu atención.

MANTENTE Y BUSCA LA PAZ SIN PENSAR EN NADA

La paz es la pista de aterrizaje en donde descienden las ideas sabias de Dios. Estas ideas nunca vienen por esfuerzo, presión o ansiedad. En general, Dios suelta ideas que resolverán nuestros problemas en momentos inesperados.

No te enfoques en nada en particular, solo permite que su presencia fluya. Descansa en su belleza y comunión. No acciones ni digas nada hasta que no hayas experimentado su paz. Espera. No reacciones, no hables palabras necias, solo procura la paz. La paz es la puerta de entrada a la sabiduría. Muchas veces su sabiduría es algo inusual, distinto de lo habitual, algo que no estábamos viendo (igual que el pensamiento creativo, con la diferencia de que la idea viene de Dios). Sus ideas son las menos pensadas, las más inusuales, y solo la paz nos permite recibirlas. No es "hacer lo primero que surge", porque recordemos que Dios nunca empuja ni presiona. Las ideas de Dios vienen en paz y nos mantienen en paz. Toma todo el tiempo que sea necesario para alcanzar la sabiduría que proviene de Dios.

¿QUÉ SIGNIFICA TENER PAZ EN TÉRMINOS PRÁCTICOS?

Es no prestar atención a nada en particular, por ejemplo, cuando alguien nos cuenta un problema o analizamos algo que nos sucede. Nehemías tenía dos problemas: el ejército contrario que lo amenazaba y el pueblo trabajador cansado (ver Nehemías 4). Allí, el Señor le dio la sabiduría con una idea para resolver ambos problemas. La mitad de los trabajadores trabajarían en el muro, mientras que los otros irían a la batalla. De esta manera, todos trabajaron y descansaron. Nehemías tuvo que resolver, a lo largo de la historia, cinco problemas con Sanbalat. Dios le dio una solución para cada problema. Aunque el problema persista, Dios nos dará cada día más sabiduría.

En Hechos 6 se presentó un problema con la comida de las viudas y Dios les dio una solución: nombrar diáconos. Hasta el día de hoy, este grupo permanece sirviendo.

David resolvió el problema del gigante con una piedra.

Doce espías entraron a ver la tierra. Diez de ellos no tuvieron sabiduría; dos, sí.

Cuando Simei maldijo a David, para mantener la paz le respondió: *Quizá mirará Jehová mi aflicción, y me dará Jehová bien por sus maldiciones de hoy.* (2 Samuel 16:12)

Cada vez que avances y resuelvas un problema, recuerda que fue el Señor quien dio la solución. Ser humilde es reconocer que no somos nosotros, que no es por nuestra inteligencia, sino que el Señor se expresó a través de nosotros.

Vuelve a leer Salmos 19:7–14:

La ley de Jehová es perfecta, que convierte el alma; el testimonio de Jehová es fiel, que hace sabio al sencillo. Los mandamientos de Jehová son rectos, que alegran el corazón; el precepto de Jehová es puro, que alumbra los ojos. El temor de Jehová es limpio, que permanece para siempre; los juicios de Jehová son verdad, todos justos. Deseables son más que el oro, y más que mucho oro afinado; y dulces más que miel, y que la que destila del panal.

Tu siervo es además amonestado con ellos; en guardarlos hay grande galardón.

¿Quién podrá entender sus propios errores?

Líbrame de los que me son ocultos.

Preserva también a tu siervo de las soberbias; que no se enseñoreen de mí; entonces seré íntegro, y estaré limpio de gran rebelión. Sean gratos los dichos de mi boca y la meditación de mi corazón delante de ti, oh Jehová, roca mía, y redentor mío.

Detente en cada palabra.

Respira cada versículo.

Permite que se haga una experiencia en tu vida.

Experimenta alabarlo al hacerlo.

PISTAS PARA VER A DIOS EN TU DÍA A DÍA

+ Durante años has tenido un problema sin resolver; ahora lo comprendes mejor y sabes qué decisiones tomar.

+ Sabes qué hacer a lo largo del día, como si un conocimiento claro te guiara en todo.

+ Sabes qué decidir y adónde ir.

+ Produces ideas que traen multiplicación en cualquier área.

"EL QUE SE OPONE", UN EJEMPLO PRÁCTICO

Cuando estés frente a alguien con cierta resistencia o que se opone tus ideas, practica estos cinco "no":

1. No pelear para convencer.

2. No insistir ni presionar.

3. No sentirse desgastado por esa persona.

4. No permitir el sentir ganas de no verle o hablarle.

5. No imponer.

Esto como medida de protección frente al conflicto, para no angustiarse y evitar el quiebre del vínculo. La resistencia de esa persona no es un asunto personal contigo, sino una actividad del alma. Es su manera de manejar su ansiedad. Debes tener en cuenta que no se trata de ti sino de un problema interno de esa persona. De nada sirve pelear o luchar con aquello que la persona no quiere ver. Lo que pasa en la vida de esa persona es el *miedo al fracaso*:

+ siente vergüenza de no saber remover su problema;

+ ansiedad de perder lo que ya conoce;

+ no posee habilidades para lo nuevo;

+ siente enojo con otra figura de autoridad y lo proyecta;

+ no tiene fuerzas para el nuevo desafío;

+ tiene una sensación de pérdida de libertad.

¿QUÉ HACER FRENTE A ESTO?

+ Sugerir indirectamente "volar por arriba".

+ Darle una respuesta inesperada: "Yo no estoy para ganarte o convencerte, sino para bendecirte". Evitar la lógica de vencedor-vencido, o de la competencia, "el estira y afloje". Así que ¡suelta la cuerda y deja de tirar!, ponte en sus zapatos, esto hará que el otro disminuya su energía y su resistencia.

+ Retrocede, no vayas al encuentro, dá un paso hacia atrás y observa lo que sucede. Cuando una persona muestra resistencia, dirá que no a todo lo que le digas o intentes razonar con ella. Te dirá que no porque está anclado en lo emocional. La frase del resistente es: "Sí, pero...".

+ Nunca respondas rápido, deja pasar 24 horas, ya que si vas rápido o delante de él, mostrará más resistencia. Esto se llama "reducir la velocidad para ir más rápido". Así, al estar atrás, la resistencia disminuye. No te muevas rápido. Todo cambio no es un momento puntual, sino un proceso.

+ Refuerza aquello que los une. Muéstrate dispuesto: "Me puedes llamar para lo que necesites, acá estoy".

11

EL DIOS CONSOLADOR

DOLOR MEZCLADO CON AMOR

Dice Salmos 94:18–19:

Cuando yo decía: Mi pie resbala, tu misericordia, oh Jehová, me sustentaba. En la multitud de mis pensamientos dentro de mí, tus consolaciones alegraban mi alma.

El consuelo es para quien perdió un ser querido. Para quien está triste, angustiado. La consolación de Dios es una expresión o manifestación de su gracia que se mezcla con nuestro dolor y nos sostiene con el fin de atraernos más hacia Él. Así pasamos de la desolación a la consolación. Eso es lo que recibió Cristo en el Getsemaní y en la cruz. Esa gracia puede venir con palabras, con abrazos, con ayudas, con silencio, etcétera: pero no son esos actos los que consuelan, sino que ellos portan la gracia que se expresa y ministra a nuestro espíritu y, desde allí, a todo nuestro ser.

El Salmo 23 habla de cuando pasemos por el valle de muerte; momento en el que no podemos quedarnos en el dolor, en la pregunta. Todos debemos pasar por ese valle para poder ver la luz. Muchas veces, la pregunta del ¿por qué? es la bronca que uno tiene para no enfrentar el dolor. Cuando uno abandona esa fase, conecta con el dolor para ser capaz de superarlo.

EL POR QUÉ ES UNA CITA PRIVADA CON ÉL

Job habló durante muchos capítulos y, cuando finalmente se calló y dejó de opinar, ¡Dios le habló! Le mostró su grandeza inconmensurable. Le hizo preguntas que Job no pudo responder. El dolor es una cita privada con Dios, donde Él da una respuesta especial y específica a cada uno. Lee el Salmo 73 de Asaf y tendrás una gran revelación. El salmista estuvo mal, a punto de abandonar todo, así que entró en una cita privada con Dios y allí dejó de mirar su problema para verlo que Él era su porción. Así puedo comenzar a dejar de ver lo temporal para ver lo eterno. Vio que ahora Dios era su próximo y el cuadro eterno su otra porción. Simeón esperaba la "consolación de Israel" (ver Lucas 2:25), porque *consolación* es una persona, no unas palabras.

ESTOY ACÁ CONTIGO

Jesús oró a su Padre: "*¿Por qué me has desamparado?*". El Señor sabía que debía morir. El Padre sabía la respuesta. Sin embargo, el Hijo clamó de lo profundo del dolor y el Padre no le dio una explicación, sino que con su silencio le hizo saber: *Estoy aquí. Sigo contigo. No me fui. Sigo aquí, estoy sufriendo contigo. Nunca te lastimaría, permite que te abrace.*

El dolor nos lleva a mirarnos a nosotros mismos; la consolación nos lleva a mirar a Dios. Si Él nos hubiese dejado, no podríamos vivir más.

DIOS NO ENVÍA EL SUFRIMIENTO; SUFRE CON NOSOTROS

Dios no da palabras sino *la* Palabra, a Él mismo, su presencia. Dios no da ideas, dio a una persona. Él está aquí. Jesús se dio a sí mismo por amor y entró en nuestro sufrimiento. Fue golpeado y humillado, cargó una corona de espinas (no una corona de rosas); murió, y ahora vive todo el tiempo en nosotros. Dijo Corrie ten Boom: "Cuando descendemos a lo profundo, Él desciende aún más profundo". En medio del dolor, no corras hacia una respuesta; corre hacia sus brazos de amor y déjate envolver por su presencia. Dijo el hermano Lorenzo: "Los *sí* firmes todos serán dulces y agradables, mientras nosotros estemos con Él; y los mayores placeres serán un castigo cruel para nosotros. No necesitas llorar muy fuerte, Él está más cerca de nosotros de lo que pensamos".

PERMITE QUE SU AMOR SE MEZCLE CON TU DOLOR

Cristo vino y sufrió por nosotros en la cruz y la transformó en una obra de gracia y vida eterna. La cruz arrojada en el dolor produce transformación.

Charles Spurgeon dijo: "Muchos hombres deben la grandeza de sus vidas a sus tremendas dificultades". ¿Cómo es posible que Pablo haya sido perseguido, lastimado, abandonado, despreciado y aún así haya seguido adelante? Porque la dosis de amor divino siempre era más grande que el dolor. El amor mezclado con el dolor da fortaleza.

Hudson Taylor escribió: "Donde las tormentas golpean con más furia, se encuentran los árboles más resistentes". Mira la cruz y sé uno con su amor. Será tu fuente de paz. No vemos su obrar, pero siempre podremos ver quién es Él. Cuando no entiendo su manera de obrar, ¡puedo saber cómo es Él! Cuando vengan momentos difíciles y le preguntes a Dios: "Señor, ¿dónde estás?", escucharás su suave voz decirte al oído: "Estoy aquí, hijo".

EL DIOS QUE CONSUELA CON NOSOTROS

Un pastor fue a ver a una mujer al hospital, ya que su hijo recién nacido había muerto en sus brazos. El pastor la abrazó, mientras ella se mantenía llorando con su hijo en brazos. Al salir de aquel lugar, el pastor llorando le dijo al Señor: "Señor, ¿dónde estás?". Y Dios le dijo: "Mientras la abrazabas y consolabas con amor, yo los abracé a los tres con mi amor". Luego de recibir eso, el Señor le volvió a hablar: "Juntos, pudimos consolar a esa mujer en su dolor; llevaste mi consolación en tu consolación, fue algo mutuo".

Cuando decimos que Dios es nuestro Padre, ¿qué imagen se nos viene a la cabeza? La de *Abba, Padre* o "papito". Nos imaginamos a un papá con un niño. Pero quiero que pienses en otra imagen: el niño ha crecido y ahora es un adulto con su papá.

¿Cómo es la relación de un papá con un hijo adulto? Es una amistad de pares. Ahora cooperan juntos. Es camaradería, amistad y mutualidad, tal y como Dios con Adán y Eva tenían una relación de adultos en el gobierno de la tierra. Ellos eran amigos adultos de Dios. Él en mí y yo en Él, llevando consolación.

FRASES QUE SANAN Y DAN CONSUELO

+ *Tu papá fue una persona maravillosa.*

+ *Estoy a tu lado para lo que necesites.*

+ *No lo olvidaremos nunca.*

+ *Un bebé partió, la mamá le hizo unas medias y dijo: Cada bebé merece ser celebrado; no importa cuánto tiempo estuvo con nosotros.*

+ *El dolor no se supera nunca; se transforma y nos transforma.*

+ *Alguien le dijo al oído a quien había perdido a su mamá: Yo también la amaba.*

+ *A los que hemos tenido en nuestros brazos por un tiempo, los tendremos en nuestros corazones para siempre.* (Anónimo)

+ *La muerte deja una angustia que nadie puede sanar; el amor deja un recuerdo que nadie puede borrar.*

+ *"Mientras estamos de luto por la pérdida de nuestro amigo, otros se alegran de encontrarse con él detrás del velo".* (John Taylor)

¿ESTÁ DIOS EN MI ENFERMEDAD?

La gente hace interpretaciones erróneas al decir: "Dios te mandó esto para castigarte o para formarte"; o: "Algún pecado tendrás". Pero el mal sucede de forma natural. ¿Envía Dios un tsunami? Lo mejor es decir: "La plataforma de la tierra se movió provocando una gran ola".

DIOS SUFRE

Jesús lloró delante de la tumba de Lázaro. El Señor gimió con la pérdida de Isaías. Dios es un compañero en nuestro dolor. Él nos abraza y sufre con nosotros. La enfermedad no es buena, por eso no la deseamos; pero, muchas veces produce:

+ sabiduría, por la reflexión sobre la fragilidad de la vida;

+ empatía con el que sufre, más paciencia con nosotros, más oración por quien sufre o tiene una enfermedad grave;

+ resiliencia, porque descubrimos cuán fuertes Dios nos hizo;

+ más dependencia de Él, Dios no está en la enfermedad ni la manda, pero sí está en los frutos que Él hace nacer cuando su gracia se mezcla con nuestro dolor.

PISTAS PARA VER A DIOS EN MI DÍA

+ Por medio de una palabra, un abrazo, un gesto, donde salga la gracia que consuela.

+ Cuando eres usado por Dios para abrazar a alguien.

* Cuando tu dolor se convirtió en un don para ayudar a otros.

* Cuando experimentas el abrazo de Dios.

12

EL DIOS MISTERIOSO

Dice Salmos 145:1–3, 5, 6:

> Te exaltaré, mi Dios, mi Rey, y bendeciré tu nombre eternamente y para siempre. Cada día te bendeciré, y alabaré tu nombre eternamente y para siempre. Grande es Jehová, y digno de suprema alabanza; y su grandeza es inescrutable. En la hermosura de la gloria de tu magnificencia, y en tus hechos maravillosos meditaré. Del poder de tus hechos estupendos hablarán los hombres, y yo publicaré tu grandeza.

Dice este salmo que su grandeza es *inescrutable*, lo que significa insondable, un término náutico que implica que la plomada (símbolo de la razón) nunca llega al fondo. El Dios misterio se hace presente cuando nos preguntamos "¿Por qué?". Cuando caminamos sobre el dolor o en las situaciones extrañas, cuando las cosas no salen como queríamos. David experimentó esta faceta de Dios muchas veces. Cuando leemos los salmos observamos que la gran mayoría encierra preguntas como "¿Dónde estás?", "¿Por qué?, "Respóndeme", entre otras. Por ejemplo, Salmos 13:1 expresa:

¿Hasta cuándo, Jehová? ¿Me olvidarás para siempre? ¿Hasta cuándo esconderás tu rostro de mí?

Cuando surgen las preguntas, el silencio, lo inexplicable, allí estamos frente al Dios del misterio. Como muy bien lo explica C. S. Lewis: "Notamos que Dios está tan presente en momentos de prosperidad y tan ausente en tiempos de dolor". El Salmo 88:1–5 dice:

Oh Jehová, Dios de mi salvación, día y noche clamo delante de ti. Llegue mi oración a tu presencia; inclina tu oído a mi clamor. Porque mi alma está hastiada de males, y mi vida cercana al Seol. Soy contado entre los que descienden al sepulcro; soy como hombre sin fuerza, abandonado entre los muertos, como los pasados a espada que yacen en el sepulcro, de quienes no te acuerdas ya.

IDEAS FALSAS Y VERDADERAS SOBRE EL SILENCIO DE DIOS

Cuando estamos con alguien en silencio, ¿cómo lo interpretamos? ¿Toleramos el silencio o nos sentimos incómodos? Muchas de nuestras sensaciones con el silencio las llevamos al estar en silencio delante de Dios. Algunas de estas ideas que debemos desterrar son:

SI DIOS ESTÁ EN SILENCIO, SIGNIFICA QUE ESTÁ AUSENTE, QUE SE FUE.

Falso. ¡Él siempre está!

Dice David en Salmos 42:3:

Fueron mis lágrimas mi pan de día y de noche, mientras me dicen todos los días: ¿Dónde está tu Dios?

Tomaba un paseo sobre un río cubierto de musgo, como si fuese una alfombra verde; no se veía el agua, parecía en realidad un camino más que un río. Sin embargo, aunque mis ojos veían una realidad, debajo del musgo seguía estando el agua. Dios siempre nos ve; siempre está en nosotros. Por tanto, el silencio divino no es ausencia de Él, pues si Dios no es íntimo, no es nada. Dijo San Agustín: "Dios es más íntimo que lo íntimo de mí".

"Señor, ¿dónde estás acá?". "Siempre estuve acá, pero no me veías".

Los dos del camino de Emaús le pidieron a Jesús que se quedara con ellos, y Jesús caminó con ellos. Pero cuando les dio el pan partido y ellos comieron, sus ojos fueron abiertos y lo reconocieron. Allí, en ese momento, Él desapareció. La lección había sido aprendida: Jesús les quiso decir que no quería caminar *con* ellos, sino que quería que lo comieran para que viviera *en* ellos.

¿Cómo presentarse con éxito ante los demás? ¿Cómo hacer que nuestras palabras sean recibidas por los demás con gozo? O, ¿cómo decir algo que traiga resultados extraordinarios? El secreto lo enseña el ángel Gabriel (ver Lucas 1:19, LBLA): *Respondiendo el ángel, le dijo: Yo soy Gabriel, que estoy en la presencia de Dios, y he sido enviado para hablarte y anunciarte estas buenas nuevas.* Donde vayas y frente a lo que digas al presentarte, asegúrate de "estar en la presencia de Dios".

SI DIOS ESTÁ EN SILENCIO, SIGNIFICA QUE ESTÁ DISTANTE

Falso. Dios espera que lo salgamos a buscar.

Asociamos el silencio con el castigo: "Si Dios no me habla, ¡está enojado!". Lo que sucede es que el Señor se "esconde" muchas veces porque quiere que salgamos a buscarlo y que lo encontremos. Así como sucede en lo social, cuando estamos con alguien todo el día se pierde el misterio, el asombro, por lo que Dios se esconde para que lo valoremos, busquemos y seamos asombrados. Él es todo luz y se da a conocer. Pero lo que sabemos de Él no lo agota. ¡Él es mucho más! Eso que no sabemos de Dios es para nosotros "noche"; hasta que Él nos enseña algo que no sabíamos, y ahora lo que era para nosotros misterio (o noche) se convierte en luz.

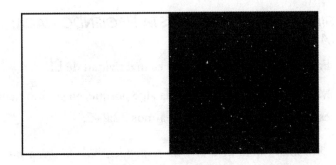

Sin embargo, no importa cuánta luz tengamos o cuánto sepamos, nunca agotaremos lo que no sabemos de Él. Es más, lo que no sabemos de Él es infinitamente sin límites, y lo que sabemos de Él es apenas una gota de luz en el océano de la eternidad.

Dijo la esposa de Joe Elliot: "Si Dios fuera lo suficientemente pequeño como para ser entendido, no sería lo suficientemente grande como para ser adorado". Él es incompresible y comprensible a la vez, siempre. Dios es misterio. Por eso, podemos ser asombrados por Él y expresar:

En la hermosura de la gloria de tu magnificencia, y en tus hechos maravillosos meditaré. Del poder de tus hechos estupendos hablarán los hombres, y yo publicaré tu grandeza.

(Salmos 145:5–6)

¿Conoces el juego "¿Dónde está Wally?" (Wally debe ser encontrado en un dibujo lleno de personas) En este juego de nada serviría que nos dieran una hoja con un círculo que dijera "Acá está Wally", porque el desafío consiste en saber que está, pero uno debe buscarlo. A veces el Señor se esconde y anhela que lo busquemos y nos divirtamos. Dijo R. Baxter: "El mar no es el mar si puedes sostenerlo con una cuchara".

EL SILENCIO DE DIOS NO ESTÁ HACIENDO NADA; ESTÁ QUIETO

Falso. El silencio de Dios no es inactividad de Él.

Muchas veces, Dios no nos da algo porque, en ese momento, nos está dando otra cosa. Dice Salmos 22:2–5:

Dios mío, clamo de día, y no respondes; y de noche, y no hay para mí reposo. Pero tú eres santo, tú que habitas entre las alabanzas de Israel. En ti esperaron nuestros padres; esperaron, y tú los libraste. Clamaron a ti, y fueron librados; confiaron en ti, y no fueron avergonzados.

Decía San Agustín: "Cuando Dios no te da lo que pediste, te está formando para darte lo que Él quiere darte". ¡Lo cual siempre es mejor! Dice Salmos 46:10:

Estad quietos y conoced que yo soy Dios.

Ver al Dios del misterio es no ver incluso cómo actúa; no entenderlo hasta que logremos hacerlo en una experiencia total de fe. Solo cuando tenemos la perspectiva temporal entendemos que Dios guió y actuó con misterio, con ese aspecto que nosotros no vimos en el camino. Esto le sucedió a José. Al final de su historia, les dijo a sus hermanos que ellos habían pensado mal, pero Dios todo lo había cambiado para bien. Debemos descansar tanto en el Dios que vemos en el presente, en lo cotidiano; como también en Aquel que no entendemos todavía, pero que está haciendo su obra y lo sabremos en algún momento.

Cuando no entendemos, aunque no lo veamos, el Dios del misterio está trabajando. El secreto frente al misterio de Dios es

decir a su trabajo anónimo o a escondidas, es descansar y mirar
lo que sí vemos y lo que sí entendemos de Él. Busca la luz en lo
que sí ves y entiendes que Dios está haciendo en otra área, y descansa en esa pequeña luz. Tiempo es lo que Él está produciendo
hasta que entendamos; solo entonces tendremos paz y agradecimiento por su obrar. Podríamos graficarlo así:

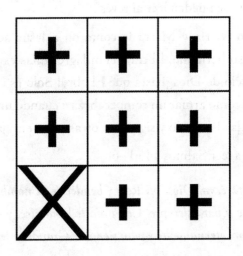

Aquí vemos un área en la que necesitamos algo; sin embargo,
debemos enfocarnos en otras áreas donde Él sí está trabajando y
darle las gracias por ello. Busquemos las otras áreas en las que el
Señor está interviniendo y comprobemos que Él es luz (aunque
en esa otra área parezca que es noche), porque el mismo Dios
sigue allí activo, en ambas por igual. Todos, indefectiblemente,
vivimos con el Dios luz y noche en nuestras vidas. Perdemos un
trabajo, y pensamos que Él se fue; pero cuando viene uno mejor,
exclamamos: "Ah, ¡qué bueno es Él!, que me preparó uno mejor
y yo no lo sabía".

Me gusta compartir que, cuando los hermanos de José lo tiraron al pozo, Dios eligió en cuál pozo sería. Cuando lo vendieron, Dios eligió quiénes lo comprarían. Cuando fue a la cárcel, Dios eligió a cuál. Ante cada jugada humana, Él hace su jugada divina para que, con paciencia, un día lleguemos al palacio.

Dijo J. Flavel: "La providencia de Dios es como las palabras hebreas; solo se pueden leer al revés".

Cuando María y Marta le contaron a Jesús acerca de la muerte de su hermano, Él trajo el milagro. Ellas experimentaron el silencio de Dios ¡hasta que Él obró! Solo es cuestión de esperar. Es como armar un rompecabezas: cuando una pieza no encaje, déjala al costado y sigue con otras… ¡ya encajará!

Vuelve a leer Salmos 145:1–6:

Te exaltaré, mi Dios, mi Rey, y bendeciré tu nombre eternamente y para siempre. Cada día te bendeciré, y alabaré tu nombre eternamente y para siempre. Grande es Jehová, y digno de suprema alabanza; y su grandeza es inescrutable. En la hermosura de la gloria de tu magnificencia, y en tus hechos maravillosos meditaré. Del poder de tus hechos estupendos hablarán los hombres, y yo publicaré tu grandeza.

Detente en cada palabra.

Respira cada versículo.

Permite que se haga una experiencia en tu vida.

Experimenta alabarlo al hacerlo.

PISTAS PARA VER A DIOS EN TU DÍA

+ En toda pregunta o situación inexplicable.

+ En alguna situación nueva que sucede y ahora todo tiene sentido; luego hay una respuesta a por qué te sucedió.

+ Cuando estás frente a un problema en donde antes reaccionabas de una manera, pero ahora ves que tu reacción es en Cristo. Algo murió en el camino por el dolor, la pérdida o la entrega en la cruz.

+ Cuando recibes luz por medio de una palabra o consejo y ahora ves que todo encaja perfectamente; fluyen de tu corazón gratitud y paz.

13

EL DIOS DE PAZ

EL PERDÓN ES LA LLAVE

Dice Salmos 34:14–15:

Apártate del mal, y haz el bien; busca la paz, y síguela. Los ojos de Jehová están sobre los justos, y atentos sus oídos al clamor de ellos.

Cuando recibimos al Señor como Salvador tenemos paz *con* Dios (ver Romanos 5:1). Y ahora, al crecer en Cristo, tenemos paz *de* Dios (ver Filipenses 4:7): una actitud de tranquilidad y satisfacción. La paz no es una emoción sino una pista de aterrizaje donde Dios envía su Palabra, su sabiduría y sus bendiciones.

Antes de resolver un problema o de orar por algo o alguien, busca la paz. Dice el salmo citado que la busquemos y la mantengamos, es decir, que no nos desviemos de esa paz. Enfoquémonos en Él.

El Salmo 119:165 enseña que quienes meditan en su Palabra tienen *gran paz*. A más Palabra, más aumento de paz. La paz hace que Dios aterrice su fuerza (ver Salmos 29:11).

Dios le dijo a Gedeón que tuviera paz, que no moriría. Y allí mismo, él construyó un altar y lo llamó "el Señor es mi paz".

La paz que va más allá del alma, del pensar (ver Filipenses 4:7) es de la mente y del espíritu. ¡Es doble paz! Y si pienso en Él, esa paz afectará mi pensar (ver Isaías 26:3).

La paz afecta el cuerpo (ver Proverbios 14:30). Antes de recibir algo en el cuerpo, busquemos la paz.

CÓMO ENTRAR EN EL MODO PAZ

¡La paz ya la tenemos! Solo debemos identificar qué cosas nos la están robando o la ocultan: ansiedad, enojo, impulsividad, etcétera. Cuando removemos lo que tapa la paz, Dios hace aterrizar su sabiduría. No pidamos: "Dame paz, Señor", sino: "Señor, ¿qué me quitó la paz?". Puede ser el deseo de cambiar a otros, concentrarse en los detalles, la ira, la preocupación. Tenemos que volvernos como niños, dice Salmos 131:2:

> En verdad que me he comportado y he acallado mi alma.
> Como un niño destetado de su madre; como un niño destetado está mi alma.

Un niño destetado no está inquieto por la leche de su mamá, sino satisfecho. ¿Alguna vez viste a un niño que está contento y quieto? Así es como Dios nos llena de su amor y nos abraza. El versículo 1 dice que el salmista clamó y luego se calmó. La paz no es no experimentar tormentas, sino tener paz en medio de estas. La paz no es ausencia de conflictos, sino experimentar la presencia del Señor en medio de todo.

El perdón es la llave de la paz, la llave maestra y el acelerador. El perdón siempre nos trae regalos de paz para nosotros mismos y para quien nos lastimó. El perdón no es olvidar ni minimizar lo que sucedió. Tampoco es negar ni darse por vencido ni resignarse y tolerar nuevas injusticias. Lo malo que nos han hecho siempre será malo. Dijo Lewis Smedes: "Perdonar es liberar a un prisionero y descubrir que el prisionero eras tú". No minimizamos el daño causado, pero el perdón nos ayuda a soltar la ira, sin el odio que nos causa el lastimar a quien nos dañó en nuestra mente. Ese resentimiento, en primer lugar, nos lastima a nosotros mismos y no nos merecemos causarnos ese daño.

Observemos estas metáforas:

METÁFORA DE LOS DOS ÁNGELES

Imaginemos que cuando alguien nos lastima aparecen dos ángeles. Ambos traen en sus manos una herramienta. Uno de ellos trae el perdón y nos dice que este sirve para sanar y crecer; el segundo ángel trae en su mano una venganza y nos hace saber que, con esta, podremos lastimar al otro. Solo podemos elegir una sola herramienta. Elegir una implica perder la otra.

METÁFORA DE LA PESA

Supongamos que tenemos una pequeña pesa en el bolsillo y debemos llevarla con nosotros a todos lados: al trabajo, a la universidad, a la casa de algún ser querido, a las reuniones con amigos, incluso a la cama cuando nos disponemos a descansar. No pesa mucho, pero es una especie de recordatorio del que no lograremos desprendernos porque la portaremos a dondequiera que vayamos cada día de nuestra vida. Bueno, así es el resentimiento cuando uno se resiste a perdonar.

METÁFORA DEL USURPADOR

Imaginemos que alguien irrumpe en nuestra casa y la usurpa por la fuerza. Perdonar sería sacar a ese individuo de nuestra propiedad. El perdón no es otra cosa que un acto de fuerza y coraje. Para perdonar se precisa ser valiente, sobre todo, cuando el dolor que nos han causado es grande y profundo. Y aun cuando aquel que causó la herida ya no esté en este mundo, necesita "salir de nuestra vida" en términos emocionales.

METÁFORA DE LA DEUDA

Alguien nos debe una cantidad de dinero o algo que le hayamos prestado. Perdonar sería escribir en un papel: "Cancelado". Es decir en nuestros adentros: Me debes por lo que me has hecho, pero dejo de esperar. Ya lo saldé.

METÁFORA DE LA CASA

Pensemos en nuestra vida como un edificio en el que hay puertas abiertas; por allí, entra y sale la presencia de Dios y trae un aumento de Cristo y bendiciones. Pero también hay puertas que han quedado cerradas, y detrás de ellas hay dolor y amargura. Nadie entra ni sale de allí. Desde ese lugar solo sale olor y la llave no está disponible. El perdón de Dios es la llave para abrir esa habitación y así dejar la puerta abierta, para que Él crezca y traiga bendición.

La palabra *perdón* en griego significa "hacer partir". Alguien empezó algo primero, pero nuestro segundo movimiento es dejarlo ir. En esta instancia, quien nos haya lastimado no tiene poder sobre nuestra vida. Es dejarlo partir con todos sus sentimientos. Es hacer en voz alta una declaración de liberación de quien nos lastimó, y de todas aquellas emociones que nos dañaron.

En una oportunidad leí que los cazadores atrapan a los monos colocando cacahuates en una calabaza, con un agujero lo suficientemente pequeño como para que el animal alcance a meter su mano. Luego, la calabaza se ata a un árbol. Cuando los cazadores regresan encuentran a los monos atrapados y, como no desean soltar los cacahuates, quedan atrapados y son capturados. Perdonar es soltar la ira, el dolor.

Ahora bien, si decimos que hemos perdonado, pero no dejamos ir, ¡no sirve! Dijo K. Huntley: "Sabes que has perdonado a alguien cuando él o ella tiene un paso inofensivo por tu mente". Corrie ten Boom escribió: "El perdón es un acto de la voluntad, y la voluntad puede funcionar independientemente de la temperatura del corazón". Eso no significa necesariamente que volvamos a tener una relación igual con esa persona, sino que la hemos soltado de nuestra vida para que no siga haciéndonos daño.

El perdón depende de uno; pero la reconciliación de dos, y de ambos para reconstruir el vínculo. Perdonar no es olvidar (la mente no olvida), es decidir no recordar. El perdón disminuye la presión arterial, el nivel de ansiedad y los sentimientos de agresión, entre otras cosas. El secreto de la llave es que es la llave del Señor y no la nuestra. No es nuestro perdón lo que Dios nos pide, sino que usemos su llave. Esa llave libera el perdón que Él nos dio primero a nosotros. Cuando fuimos perdonados recibimos su llave para que con ella (su perdón) ahora perdonemos a quienes nos lastimaron. No es un acto de mi alma o de mis fuerzas, sino, como todo en el Reino, lo que Dios nos da es para que lo usemos. Esta llave no es algo liviano porque costó la vida de Jesús.

Algunas imágenes usadas en la Palabra respecto de esto son: a los pecados "los ahoga", "los borra", "les da la espalda", "los olvida", "los cubre", "los quita", "los clava en la cruz". En ocasiones, el perdón no es al comienzo, sino que Dios comienza a sanarnos y, en ese proceso divino, aparece el perdón como el cierre de una etapa. Es algo que primero nos damos a nosotros mismos ("no me merezco cargar con este odio"), para después liberar a quien nos lastimó y renunciar al derecho de venganza.

Vuelve a leer Salmos 34:14–15:

Apártate del mal, y haz el bien; busca la paz, y síguela. Los ojos de Jehová están sobre los justos, y atentos sus oídos al clamor de ellos.

Detente en cada palabra.

Respira cada versículo.

Permite que se haga una experiencia en tu vida.

Experimenta alabarlo al hacerlo.

PISTAS PARA VER A DIOS EN MI DÍA

* Recuerda a todas las personas que has perdonado.

* Recuerda las acciones en las que a diario has sido y eres perdonado.

14

EL DIOS DE GRACIA

AGRADECER POR CADA REGALO

Dice Salmos 36:5–7:

Jehová, hasta los cielos llega tu misericordia, y tu fidelidad alcanza hasta las nubes. Tu justicia es como los montes de Dios, tus juicios, abismo grande. Oh Jehová, al hombre y al animal conservas. ¡Cuán preciosa, oh Dios, es tu misericordia! Por eso los hijos de los hombres se amparan bajo la sombra de tus alas.

Dios está obrando las 24 horas del día, mi tarea es verlo y decirle: "Ahí estás". La gratitud es un "ver", un decir "gracias". Es decirle a Dios: "Te vi, estás en ese regalo". Es expresarle: "Ese regalo lo vi y lo estoy recibiendo con alegría". La gratitud es reconocer el regalo. Las palabras *regalo* y *gracias* en el griego son términos similares en su raíz. Por eso, agradezcamos cuando veamos la gracia, ¡porque son regalos! Es decir, que no son ganados ni merecidos; Dios los da por amor. Romanos 5:20 dice que Dios sobreabunda en gracia para con nosotros, y Colosenses 2:7 nos anima a que abundemos en agradecimiento. La imagen es la de un río que desborda. ¡Así debe ser nuestro dar gracias!

Dios da regalos todo el día; esos regalos no son algo que nos hayamos ganado o comprado, sino que son algo que nos han sido dados por gracia. Esos regalos no son solo cosas materiales, sino también cuando otros nos brindan paciencia, escucha, amor, o cuando alguien nació, alguien cumplió años, alguien consiguió trabajo. Lo que una persona alguna vez denominó *milagros ordinarios.* Por supuesto que es muy bueno decir "Gracias" a las personas; pero darle gracias a Dios es el centro de todo. Las gracias son una forma de ver las cosas.

¿CÓMO SE CONSTRUYE ESTE VER?

+ Cuando miramos para descubrir dónde está Él.

+ Cuando algo nos sorprende, nos sale un "¡¡¡Ah…!!!". Si no nos dejamos sorprender, solo diremos gracias mecánicamente.

Dar gracias significa que vemos, y eso transforma todos los regalos en más. Un proverbio nativo americano dice: "Si no ves ninguna razón para agradecer, la culpa es tuya". El Salmo 92:1 declara que es bueno dar gracias al Señor. No damos gracias por las cosas malas, porque Dios nunca da regalos malos. No damos gracias por la enfermedad o por una guerra. Salmos 95:2 dice que debemos ir a Él con acción de gracias.

VER EL MOMENTO

Cada momento es un regalo que nos ha sido dado. El momento actual es el momento 1, el presente, y Dios puso allí dentro de ese gran regalo otros regalos más. Luego de ese momento 1, vendrá otro, y luego otro y otro. ¡Porque cada momento es el regalo! Y a su vez, ese regalo está lleno de regalos. Por eso la Escritura habla de "*dar gracias en todo*" (1 Tesalonicenses 5:18).

Mira a tu alrededor y en tu vida en general: ¿por qué estás agradecido en este momento? ¿Cuál es el regalo que ves? No des nada por sentado, solo pon atención en aquello que te asombra o te produce alegría. Dice Salmos 69:30 (LBLA):

> *Con cántico alabaré el nombre de Dios, y con acción de gracias le exaltaré.*

Cuando le agradezco, Él me da más. La gratitud es un multiplicador espiritual.

LA INGRATITUD

Un corazón ingrato dice: "Me lo merezco"; un corazón agradecido dice: "Es un regalo de Dios". El ingrato siempre está vacío. El agradecido siempre está lleno. El ingrato siempre compara su regalo con el del otro, por eso no puede disfrutar. Aprecia hoy lo que tienes para no tener que valorarlo cuando ya no lo tengas. La Biblia habla mucho de *acordarse* de dónde nos sacó Dios, del bien que nos hizo, de sus obras. Ingratitud y olvido van de la mano. El ingrato cree que el mundo, la gente y Dios le deben. El agradecido sabe que nadie le debe nada y que todo es un regalo del Señor. Todo es un préstamo por gracia.

Hay que contar las bendiciones y no las quejas. La ingratitud es un gran pecado, no uno pequeño, y será el espíritu que predominará antes de la segunda venida (ver 2 Timoteo 3:1–5). Toda la decadencia moral empieza con la ingratitud (ver Romanos 1:21). Pablo, en la cárcel y sin nada, dijo que él tenía todo, abundante y lleno (ver Filipenses 4:18). Eso es ver donde nadie ve nada. Cuando veas, ¡dilo en voz alta o cántalo! (ver Salmos 147:7).

CÓMO UTILIZAR ESO DE "VER EL REGALO"

+ Cuando veas algo.

Jesús agradeció al Padre en Lucas 10:21 porque le reveló algo a los discípulos.

+ Antes de pedir algo nuevo.

En Juan 11:41, al resucitar a Lázaro, Jesús exclamó ante el Padre: *"Gracias porque siempre me escuchas"*.

+ En medio de una petición.

Si pedimos, debemos también agradecer (ver Filipenses 4:6–9).

+ Por medio de lo pequeño:

Jesús oró por cinco panes y dio gracias.

+ A través de alguien:

Pablo oraba por otros dando gracias (ver Colosenses 4:2).

✦ Antes de soltarle una palabra a alguien.

Daniel, antes de interpretarle el sueño al rey, dio gracias a Dios (ver Daniel 2:19).

✦ Cuando vengan persecuciones y pruebas.

Daniel, en medio de persecución, oraba dando gracias a Dios tres veces por día (ver Daniel 6:9). Eso es el sacrificio de acción de gracias, cuando no hay mucho alrededor para agradecer.

✦ Por la cruz de Cristo.

Jesús tomó el pan y la copa y dio gracias (ver Lucas 22:17–19).

✦ Ante la presencia de Dios, los ángeles dan gracias (ver Apocalipsis 4:9), y los que partieron dan gracias (ver Apocalipsis 11:16–17).

✦ Dando gracias delante de la gente incrédula y de los creyentes (ver Salmos 35:18; 57:9; 111:1).

Dice Salmos 75:1:

Gracias te damos, oh Dios, gracias te damos, pues cercano está tu nombre; los hombres cuentan tus maravillas.

Dijo M. Eckhart: "Si la única oración que dices en toda tu vida es: 'Gracias', será suficiente".

VER Y AGRADECER TRAE EL MILAGRO

Jesús tomó cinco panes, y cuando dio gracias el Padre le dio lo que le faltaba: el milagro. Cuando damos gracias por lo que tenemos, Dios nos dará lo que no tenemos. Lo mismo hizo con los cuatro mil. Cuanto más agradecidos seamos, más se nos dará. Cuando el leproso sanado volvió para agradecer a Jesús, volvió a la fuente del regalo y le dio una bendición más para el camino, "irse en paz". Todos pidieron ayuda; solamente uno dijo "gracias". Los diez fueron sanados de lejos; pero el que agradeció lo vio a Él de cerca. El que agradeció es quien más se acercó a Jesús. Fue un acto privado.

Durante el día, cada vez que damos gracias, es como volver al Señor, en un acto íntimo con Él. Por ello, Dios siempre nos da más bendición. Así que no tengamos *déficit de gratitud* nunca, porque la gratitud es el eco de la gracia.

Todo es un regalo. Él es la fuente de donde fluyen todas las bendiciones.

Gratitud es el reconocimiento de que hemos recibido algo de valor y que nos produce asombro y alegría. Lo recibido se considera inmerecido o no ganado. Las gracias pueden tan solo ser un rasgo personal; sin embargo, podemos llegar a tener un espíritu de agradecimiento constante, un estado del ser.

Mira todo lo que tienes hoy, eso es la gracia. El legalista cuenta los pecados; el agradecido, sus bendiciones. Todo el día está lleno de regalos. ¿Puedes nombrar diez regalos que tengas hoy? Hogar, familiares, amigos, salud, recuerdos, arte, música, escribir, compartir, risas, naturaleza, el momento presente, muchas cosas.

Dijo Matthew Henry: "Expresar gratitud es bueno, pero vivir con gratitud es mejor". Una vez le robaron a Henry, y dijo: "Permítanme estar agradecido. Primero, porque nunca antes me habían robado; segundo, porque aunque se llevaron mi bolso, no me quitaron la vida; tercero, porque aunque se lo llevaron todo, no fue mucho; y cuarto, porque fui yo quien fue robado, no yo quien robó".

Ser agradecido es mucho más que decir "gracias" o enviar una tarjeta para expresar gratitud; es una actitud del corazón hacia Dios. El espíritu de poder ver lo que recibimos como un regalo nos impulsa al gozo de dar. Así, la gracia, la gratitud, el dar y la multiplicación van juntos siempre. Practícalo tanto que llegue a ser un reflejo de tu espíritu.

Vuelve a leer Salmos 36:5–7:

Jehová, hasta los cielos llega tu misericordia, y tu fidelidad alcanza hasta las nubes. Tu justicia es como los montes de Dios, tus juicios, abismo grande. Oh Jehová, al hombre y al animal conservas. ¡Cuán preciosa, oh Dios, es tu misericordia! Por eso los hijos de los hombres se amparan bajo la sombra de tus alas.

Detente en cada palabra.

Respira cada versículo.

Permite que se haga una experiencia en tu vida.

Experimenta alabarlo al hacerlo.

PISTAS PARA VER A DIOS EN TU DÍA

+ En todas las cosas que te generen asombro y alegría.

+ En todas las personas que te generen asombro y alegría.

15

EL DIOS TODOPODEROSO

MILAGROS COTIDIANOS Y
EXTRAORDINARIOS

Todos necesitamos milagros. Jesús dijo que haríamos lo que Él hizo, y aun mayores obras. Dice Salmos 77:14:

Tú eres el Dios que hace maravillas; hiciste notorio en los pueblos tu poder.

Y Salmos 31:19–20:

¡Cuán grande es tu bondad, que has guardado para los que te temen, que has mostrado a los que esperan en ti, delante de los hijos de los hombres! En lo secreto de tu presencia los

esconderás de la conspiración del hombre; los pondrás en un
tabernáculo a cubierto de contención de lenguas.

Cuando uno escudriña varios libros o escucha ciertos
mensajes que se predican, ve que todos enseñan fórmulas
sobre cómo traer milagros. Dicen: "Haz esto... ayuda... haz
esto otro", y demás. Sin embargo, cuando vamos a la experiencia, eso falla. ¿Por qué? ¿Te has preguntado cómo puede ser
que Dios le dé el milagro a un niño que pide unas zapatillas y
no a uno enfermo? ¿O por qué Dios responde nuestra oración
por un tema secundario, pero no por un motivo de salud? ¿O
por qué Dios responde a un tema de salud con un milagro,
pero no a un tema secundario? Cuando leemos la Biblia, no
vemos un patrón para traer milagros. Pablo los hacía con los
paños de su transpiración. Pedro, callando, con su sombra, y,
en otro caso, mediante la declaración. La pregunta que surge
es: ¿Hay muchas fórmulas o en realidad estábamos leyendo
mal?

Otro aspecto que se ha enseñado es que Jesús predicaba
y confirmaba su Palabra con milagros. Estos eran la señal del
Reino. Es correcta esta afirmación, pero errónea la conclusión a
la que algunos llegan. Lo explico: si leemos lo que escribí, obten-
dremos conclusión de que, si predico, Dios me dará milagros,
porque estos son las señales del Reino, de predicar. Entonces,
¿cómo resolvemos esto? Este es un principio básico para considerar en este capítulo:

LA PRESENCIA DE DIOS ES LA FUENTE DE TODOS LOS MILAGROS, PRODIGIOS Y MARAVILLAS

Los milagros no son hechos aislados, sino la expresión de Dios en medio de la comunión diaria con Él. Observemos esto en Hechos 10:38:

> *Cómo Dios ungió con el Espíritu Santo y con poder a Jesús de Nazaret, y cómo este anduvo haciendo bien y sanando a todos los oprimidos por el diablo, porque Dios estaba con él.*

¿Notaste la última frase?: *"porque Dios estaba con Él"*.

¡Ahí está el secreto! La presencia de Dios es una relación con Él. No es un toque, un sentir, una expansión. Es un vivir las 24 horas del día en una relación de intimidad con Él: Cristo conmigo comprando en el negocio; Cristo conmigo caminando, paseando, viajando en auto, jugando con mis hijos, acompañándome en mis reuniones… Él es parte activa todo el día. Él está involucrado en mi vivir; yo vivo en su vivir.

Así que no busquemos un milagro, sino la comunión diaria con su presencia porque es cuando estamos en ella que vienen los milagros. No vienen por aprender a hacer una oración perfecta, sino por darle la bienvenida a su presencia a lo largo del día. Eso es crecer en nuestra relación con Dios. Entonces dejaremos de verlo como el solucionador de problemas, o como el Dios de los milagros. Una perspectiva equivocada nos hace orar solo para pedir milagros, pero perdemos así la comunión con Él. Buscar fórmulas para traer milagros es sufrir cuando no se obtienen respuestas. Está muy bien pedir, pero eso solo es un detalle dentro del vínculo llamado *comunión diaria*. No necesitamos ir a un culto de milagros, sino tener comunión con Cristo todo el día.

Herodes, al mejor estilo de un programa de televisión, le dijo a Jesús que lo deslumbrara con un milagro. Pero Jesús no habló, porque no es un hacedor de milagros que busca provocar el deslumbramiento.

Recuerda que, con el tiempo, nuestra relación con Dios cambia; ya no es la de un bebé con papá, sino la de un adulto con el Padre: el mejor de todos. Ya no es Padre-niño pequeño, sino Padre-hijo. Darle la bienvenida a su presencia siempre es la puerta de entrada a los milagros. Dijo Andrew Murray: "Permanecer completamente significa orar mucho". Siempre recordamos que Jesús dijo que haríamos milagros mucho más grandes que los que Él hizo; pero nos olvidamos de que Él llamó a los discípulos para *"que anduviesen con Él"* (Marcos 3:14).

¡Disfrutemos de Él cada día!

Leí que una persona oraba y se quejaba: "Estoy en silencio y no pasa nada; me aburro". Entonces el pastor le dijo: "Disfruta de Dios, de su compañía". Esto porque nos volvemos semejantes a quienes contemplamos. Moisés bajó con el rostro de luz al ver la luz de Dios. Disfrutemos de Él. Su silencio no es ausencia.

Cuando dice que vayamos a las naciones porque Él "estará con nosotros", no lo dice solamente para que no nos sintamos solos. No. Es para que recordemos que Él es la fuente de todo. Debemos dejar de buscar un milagro, para buscarlo a Él. Cuando estoy en Él, disfrutando, durante el día, el milagro podrá venir por medio de:

- declarar la Palabra,

- la alabanza,

- de un acto de perdón,

- de una oración,

- de una palabra de ciencia o profética.

Porque no es la fórmula lo que trae el milagro, sino que andar en comunión trae el milagro. Por eso, no sigas buscando la fórmula. Pablo sanaba con el sudor de su delantal, con la orden o con la declaración de fe.

El error de los libros acerca de cómo recibir tu milagro es que dan la fórmula del milagro, pero no de la presencia con Dios. Sin comunión diaria las fórmulas son solo palabras. Esto explica por qué Jesús y los apóstoles no tenían un ritual fijo de cómo traer un milagro. Pedro le dijo al paralítico: *"Lo que tengo te doy"*. Él tenía el nombre de Jesús, la comunión con Él. Los incrédulos veían los milagros y comentaban: *"Estos estaban con Jesús"* (Hechos 9:33–34). Intuyeron que los milagros venían de una "presencia" con la que ellos habían estado y seguían estando.

A Eneas, Pedro le dijo que Jesús lo sanaba. Esto no era una fórmula, sino la presencia que soltaba. Es la presencia de Dios expresada la que hace milagros. Abimelec, un rey pagano, vio que Abraham caminaba siempre en la presencia (ver Génesis 21:22). Cuando en la Biblia se habla de presencia, no se refiere a un momento, sino a un vivir todo el tiempo.

Así que, ¡olvida las fórmulas! ¡Búscalo a Él! No se trata de tu fe, sino de *su* fe. No es lo que hagas, sino lo que Él es.

Si lo veo hacia atrás, lo veré hacia delante. Vemos que Dios ha estado en el acto de bondad; luego, en las coincidencias; luego, en las interrupciones divinas... y así, cada día nos hacemos más conscientes de dónde y cómo Él trabaja en nuestra vida.

Una mujer cuenta que cuando viajó a Escocia, vio un letrero que decía: "Nacimiento del río Tweed". Después observó cómo el arroyo, cuyo origen era un insignificante manantial, fluía hasta convertirse en una presencia hermosa y grande en el valle, un río cruzado por un puente. Así que busca las fuentes ocultas del paisaje. Al hacerlo, dirás: "¡Qué lindo día tuve, lo vi a Él actuar a lo largo de las horas!". David decía que quería ver la hermosura de Dios *todos los días de mi vida* (Salmos 27:4).

No te obsesiones buscando fórmulas. Nada en el río y deja que Dios te guíe a orar, a declarar, a adorar. Debemos dejar las reuniones de milagros para pasar más tiempo con Cristo. Y cuando los milagros no suceden, siempre la gracia de Dios es liberada para seguir adelante, ya sea que el milagro aparezca o no. Claro que deseamos el milagro, pero la gracia debe ser abrazada sí o sí. No creamos que, porque no hubo milagro, la gracia falló o no fue liberada.

Recuerda que mientras estamos en comunión, oramos por milagros; y mientras oramos por milagros, sucedan o no, Dios nos da gracia para seguir adelante. No hay más poder en un milagro que en su gracia. La presencia de Dios es el camino; el milagro es un acto en el camino.

Debemos ver a Dios las 24 horas del día completas, no en cortes, porque Él prometió estar todo el día y todos los días. Esto explica por qué Pablo vio milagros gloriosos y también situaciones donde no fue librado. El apóstol fue usado por Dios para sanar enfermos graves, pero para el estómago, a Timoteo le dijo que tomara vino. El Señor lo sostuvo en la cárcel, liberándolo varias veces, pero no lo liberó de las piedras de los enemigos. Aun así, el apóstol no especulaba por qué sí y por qué no respecto del actuar de Dios. Él nunca fraccionó su vida en bloques, sino que nadaba en el río cada segundo de su existencia. Albert Einstein lo expresó así: "Solo hay dos maneras de vivir tu vida. Una es como si nada fuera un milagro. La otra, como si todo fuera un milagro". Los milagros están cada día; están y solo debemos verlos.

ALGUNAS IDEAS SOBRE LOS MILAGROS

+ El milagro es un nuevo comienzo. Siempre abre algo nuevo en el camino. Es un "signo" (*simeion*, gr. Σημεῖον); tiene una enseñanza, algo quiere decirnos. Debemos leer la enseñanza de ese signo que Dios ha colocado en nuestro camino.

+ Debemos esperar el milagro envuelto como Dios lo desea, no como nosotros lo queremos. Si siempre vemos al Señor de la misma manera, nunca descubriremos nuevos rostros de Él en nosotros. A veces, los milagros no son las cosas que sucedieron, sino las que no sucedieron.

+ Los milagros son graduales. Imaginemos que le pedimos a un compañero de trabajo que nos dé el contacto de su carpintero que le dejó un mueble perfecto y hermoso. Y nuestro amigo responde: "Te paso su teléfono celular; es un excelente carpintero, pero tardó una eternidad en hacer el mueble". Eso es similar al milagro gradual. Dios trabaja con pautas, por ejemplo, si le pido al Señor: "Dame un amigo", eso no significa que vendrá alguien y ya será mi amigo, sino que, probablemente, venga alguien y se construya el vínculo.

+ Agradezcamos siempre por el milagro, mientras esperamos otros pequeños milagros.

VIVIR EN BENDICIÓN

Las bendiciones son poder de Dios gracias a los canales naturales que vemos a lo largo del día, como la salud, la prosperidad o las fuerzas. Cuando la bendición se detiene, es cuando necesitamos un milagro. El milagro es la intervención de Dios con su poder, que suspende las leyes naturales para restablecer algo. Por ejemplo, tenemos la bendición de la salud, pero cuando esta se pierde aparece la enfermedad; el milagro sería que se restableciera la salud para volver al río de la bendición. Pero la bendición es mejor que el milagro. Bendición es tener salud; milagro, recuperar algo que se perdió. Bendición es tener dinero; milagro es que aparezca algo (una circunstancia) para cancelar las deudas. El plan es caminar en bendición. El milagro es una nueva oportunidad. Un nuevo comienzo.

PISTAS PARA VER A DIOS EN TU DÍA

+ En todo acto sobrenatural milagroso.

+ Todo nuevo comienzo es un milagro.

CONCLUSIÓN

Muchos creyentes solo ven a Dios en el día o cuando les va bien. En medio de la bendición todos exclamamos: "¡Gracias, Señor!", pero vivir así es limitar el vivir a Cristo en todo momento. Él quiere que lo veamos y disfrutemos de su presencia en todas las cosas y todos los días. Dios está activo en nosotros. Dios no ve nada de nuestra vida como insignificante; toda nuestra vida es de Él.

Revisa cada noche cómo fue tu día, dónde estuviste, con quién estuviste, qué cosas hiciste, qué sucedió, y pídele al Espíritu Santo que te muestre dónde estuvo presente. Eso te entrenará para, de poco en poco, empezar a ver a Dios en cada instante y circunstancia.

Borra las líneas divisorias entre tu trabajo, familia, y otros asuntos con Dios; borra esos límites, deja que Dios se manifieste en todo, porque hay una promesa de que lo veremos. Dice Deuteronomio 4:29:

Mas, si desde allí buscares a Jehová tu Dios, lo hallarás, si lo buscares de todo tu corazón y de toda tu alma.

Jeremías 29:13:

Y me buscaréis y me hallaréis, porque me buscaréis de todo vuestro corazón.

Él está en los momentos de dolor, en los momentos raros, en los momentos difíciles. Él no es una estatua bella para mirar: ¡el Señor está vivo! Se mueve y actúa en todo. Dijo J. de Norwich: "La plenitud de la alegría es contemplar a Dios en todo". Nuestra tarea es buscar al Señor, ¡y hacerlo continuamente! (ver Salmos 105:4). No es buscar al Señor unos minutos y ya está, sino verlo a Él a lo largo del día. ¡Buscarlo en cada cosa que suceda! Jesús dijo: *Mi Padre hasta ahora trabaja* (Juan 5:17).

Una persona muy friolenta fue a comprar unas medias gruesas y consiguió las que necesitaba. Se las puso; estaba calentito y feliz. De pronto, vio; entonces, oró y dijo: "Señor, gracias por la gente que no conozco y me bendice haciendo estas medias; úsame a mí para que yo también pueda llevar tu amor a otros. Dijo J. Manney: "Nada en nuestra vida es tan insignificante que no merezca la atención de Dios".

Deja de mirar si el vaso está medio lleno o medio vacío. ¡Deja el vaso!, ¡búscalo a Él!

¿Dónde está Dios? Aquí conmigo.

¿Dónde está Dios? En todas partes.

¿Dónde está Dios? Trabajando a mi favor.

¿Dónde está Dios? En mí, esperando que lo vea.

Todos los días están llenos de zarzas ardientes que no se apagan; solo el que las ve se quita sus zapatos. La presencia de Dios nos hace sentir vivos, nos permite saber que estamos vivos. Le dijo Jesús al ciego: "¿Qué quieres que te haga?". Le respondió: "Señor, quiero ver".

Esa es mi invocación a lo largo del día: "Señor, quiero ver". Verlo en mi día: ¿Dónde estás ahora, Señor?

Vive todo el día y lo que te suceda como un regalo de Dios.

Recuerda que siempre Él está trabajando en ti y en tu día. Eso es encontrar a Dios en todas las cosas.

No solo Él me amó primero, sino que todo lo que hace, ¡lo hace primero! Dios ya está trabajando primero en todo y mi tarea es verlo y decirle: "Ahí estás".

Dios está en mí, entonces, Él se ve donde yo estoy presente. Verlo en mi día es la experiencia de vivir a Cristo las 24 horas. Dijo Meister Eckhart en el año 1290: "La razón por la que no conseguimos ver a Dios es la debilidad de nuestro deseo". No se trata de que Él me vea a mí, o de decirle: "Señor, dame"; o: "Señor, ayúdame". Eso es como nadar en aguas superficiales; se trata de verlo a Él y dejarme sorprender por Él; amar por Él, ministrar por Él.

Podemos ir a sus aguas con nuestro cubo, a buscar algo que nos dé, y luego irnos con lo recibido; o podemos zambullirnos en Él y nadar en Él. No debemos ir a buscar nada, sino a ser hundidos en Él. Porque en Dios tendremos todo.

Se trata de verlo a Él, y a Él en mí.

Se trata de vivir en aguas profundas.

No se trata de la cantidad de cosas que nos da, sino de profundidad de Él en nosotros.

Señor, ¿dónde estás ahora?

Quiero verte momento a momento.

No quiero sentir un cosquilleo; quiero contemplar tu belleza cada día.

Cuando tus ojos sean abiertos, verás la belleza de Él en todos lados, aun en las cosas que parecían intrascendentes. Dios es como un satélite de mil canales de televisión, ¡lo podemos ver de muchas maneras cada día! Dios es como un jardinero que planta cientos de semillas y plantas por día, para que las veamos y disfrutemos de su belleza.

Este es el día que hizo el Señor, ¡nos alegraremos!

Cada vez que veo a Dios en mi día, es un día de alegría, es un día sagrado. Lo sepamos o no, nos encontramos con Dios cada día y su anhelo es que lo veamos y lo experimentemos. Dile: "Ahí estás", para entonces descubrir su abrazo y amor eterno.

Oremos juntos el Salmo 145:

Te exaltaré, mi Dios, mi rey y bendeciré tu nombre eterna-mente y para siempre. Cada día te bendeciré, y alabaré tu nombre eternamente y para siempre. Grande es Jehová, y digno de suprema alabanza; y su grandeza es inescrutable. Generación a generación celebrará tus obras, y anunciará tus poderosos hechos. En la hermosura de la gloria de tu magnificencia, y en tus hechos maravillosos meditaré. Del poder de tus hechos estupendos hablarán los hombres, y yo publicaré tu grandeza.

Amén.

ACERCA DEL AUTOR

Bernardo Stamateas es pastor hace treinta y cinco años en el Ministerio Presencia de Dios, una iglesia que nuclea a más de setenta y seis países a lo largo de todo el mundo. Es un destacado escritor y conferencista a nivel nacional e internacional. Ha escrito más de cien libros, varios de los cuales se convirtieron rápidamente en éxitos de ventas, y aun hoy lo siguen siendo. Sus obras han sido traducidas a más de veintidós idiomas y son leídas por todos los sectores de la sociedad. Ha recorrido todo el territorio argentino brindando asesoramiento y capacitación, como así también cientos de charlas abiertas al público en general en las ciudades más importantes del país. Su nombre es referencia obligada a la hora de hablar de liderazgo y superación personal. Es Licenciado en Teología, título otorgado por el Seminario Internacional Teológico Bautista; Sexólogo clínico, formado en el Hospital de Clínicas; Doctor en Psicología, título expedido por la USAL; y candidato próximo al doctorado en Filosofía. Asimismo, se desempeña como terapeuta familiar y de pareja. Está casado con Alejandra y tienen dos hijas: Dámaris y Stefanía.